"Le français retrouvé" **15**

Trésors des mots exotiques

par

Jean-Paul Colin

Illustrations de C

BELIN

8, rue Férou, 75006 Paris

Du même auteur

Dictionnaire des difficultés du français (Éditions Le Robert, 1980)
Le Roman policier français archaïque (Peter Lang, 1984)

© Librairie Classique Eugène Belin, 1986.

ISBN 2-7011-1053-X   ISSN 0291-7521

Ces mots venus d'ailleurs

A la différence

La part de l'exotisme dans le lexique français est considérable et souvent négligée dans les réflexions sur la langue, que ce soit par ignorance ou – hypothèse plus vraisemblable – par souci d'évacuer ce que l'on considère tantôt comme un problème gênant, une excroissance douteuse à partir d'un corps sain, tantôt comme un ornement superflu et pas toujours esthétique. Aussi avons-nous cru bon de consacrer un livre entier à ce que nous appelons *mots exotiques*, à ces unités lexicales qui peuplent *aussi* notre langue et notre littérature...

Qu'est-ce que l'exotisme? Pour J-M-G. Le Clézio, écrivain hanté par l'Ailleurs et les immenses richesses de notre cosmos terrestre, « l'exotisme est un vice, parce que c'est une manière d'oublier le but véritable de toute recherche, la conscience » (*Le Livre des Fuites*, 1969, p. 140). Si véritablement vice il y a, force est de reconnaître que beaucoup de gens vertueux y succombent et y succomberont encore, que ce soit par l'imagination « économique » (écriture ou lecture) ou par de vrais et coûteux voyages dépassant effectivement les murs de notre chambre! Combien d'aventuriers, combien de romanciers, combien de poètes se sont-ils, en corps ou en esprit, élancés vers toutes les latitudes et ont-ils revendiqué avec force et talent leur droit imprescriptible à la dégustation gourmande du Monde? André Breton et André Masson ont admirablement mis en évidence, dans *Le Dialogue créole*, ce besoin fondamental que l'Homme éprouve de temps à autre de se dé-payser, c'est-à-dire de changer de pays tout en demeurant (et même : pour demeurer) profondément lui-même :

3

« Exotisme, dira-t-on en mauvaise part, exotisme et voilà le grand mot lâché. Mais qu'entendre par exotisme ? La terre tout entière nous appartient. Ce n'est pas une raison parce que je suis né à proximité d'un saule pleureur pour que je doive vouer mon expression à cet attachement un peu court » (André Breton, *Martinique charmeuse de serpents*, p. 21).

Donc, besoin d'évasion, de rêve, de sortir de sa quotidienneté. Mais il ne s'agit pas seulement d'une pulsion individuelle : la définition de l'exotisme que nous trouvons dans les dictionnaires s'avère, elle aussi, géographiquement, historiquement et idéologiquement située.

C'est l'adjectif *exotique* qui naît le premier : ce n'est pas un hasard sans doute s'il apparaît pour la première fois en 1548 dans les premiers chapitres du *Quart Livre* de François Rabelais, l'un des plus grands créateurs de mots de la littérature française... Il est calqué sur le grec *exôtikos*, qui signifie « étranger » ; mais son emploi ne devient courant qu'au XVIIIe siècle, sous l'influence de Bernardin de Saint-Pierre, de Rousseau et de Diderot, entre autres. Son sens premier est « qui n'est pas naturel au pays » (Littré), mais l'européocentrisme du mot apparaît plus nettement dans le *Petit Robert* (1966), qui explique, en rapportant le sens à un *nous* très repérable : « qui n'appartient pas à nos civilisations, qui est apporté de pays lointains ». Le *Trésor de la langue française*, quant à lui, donne, dans son tome 8 (paru en 1980) : « qui est relatif, qui appartient à un pays étranger, généralement lointain ou peu connu ; qui a un caractère naturellement original dû à sa provenance ». Ici se profile ce qu'on pourrait nommer la connotation littéraire, voire baudelairienne, de ce mot aujourd'hui quelque peu galvaudé.

Le substantif *exotisme,* est apparu beaucoup plus récemment, ce sont les frères Goncourt qui l'emploient pour la première fois, en 1860, dans leur fameux *Journal,* et Émile Littré ne le mentionne que dans son Supplément de 1877.

Le fait est que ce couple *exotique-exotisme* déclenche chez l'Européen, et spécialement le Français, une sorte de réflexe conditionné. Que ce soit par l'effet de la poésie voyageuse de Baudelaire, des Parnassiens (notamment José Maria de Hérédia et Leconte de Lisle) ou de Mallarmé (« Lève l'ancre pour une exotique nature ! ») ou grâce aux diverses modes qui introduisirent à la fin du

XIXᵉ siècle, en Europe, le goût d'un Orient (Extrême ou Moyen) plus ou moins authentique, nous avons fini par identifier l'exotisme non seulement avec les pays lointains en général, mais surtout avec ceux dont notre subconscient a valorisé certaines caractéristiques : chaleur, éclat de la lumière et des couleurs, abondance naturelle, climat clément, vie réputée facile, etc. C'était évidemment restreindre à l'excès l'extension étymologique de l'adjectif *exotique,* qui renvoyait tout uniment à « l'étranger », sans distinction de latitude ni de distance.

Le lecteur se rendra compte que, dans ce petit livre, nous avons pris le parti d'une ouverture beaucoup plus large, considérant qu'en Europe même, pas toujours très loin de « nous » – la Yougoslavie n'est-elle pas, héritière des fameux Balkans, imprégnée d'exotisme pour un Français ? – et aussi dans les contrées du Grand Nord et du Grand Sud, que fréquentent, depuis les rêves de Jules Verne, de rares et hardis « explorateurs », l'exotisme peut fort bien apparaître, et se manifester jusque dans les unités de ce vaste ensemble qu'est le lexique français.

Qu'entendons-nous ici par *mots exotiques ?* Il s'agit moins d'un concept linguistiquement et lexicalement bien délimité que d'une notion aux contours un peu flous qui correspond néanmoins au fonctionnement habituel d'un procédé de développement et d'enrichissement d'une langue, à savoir l'*emprunt* (et son stade voisin et préalable : le *xénisme,* cf. p. 9). Voyons cela de plus près.

L'utilisateur de la langue française pourrait souvent dire, à l'instar du poète Aragon : je me trouve « en étrange pays dans mon pays lui-même », car le lexique français est intimement pénétré d'une quantité de mots de provenance étrangère, vis-à-vis desquels les attitudes varient. Certaines personnes les utilisent sans même prêter attention à leur spécificité (ou simplement la remarquer), d'autres s'en servent avec une orientation positive et créatrice, d'autres enfin réagissent violemment et parlent à qui veut les entendre de menace, d'invasion, voire de risque de dégénérescence de notre « belle langue ». Que penser de ces prises de position passionnées et souvent passionnelles ?

Rappelons tout d'abord que l'emprunt qu'une langue vient à « souscrire » à une autre est un phénomène très ancien : si le grec de l'Antiquité a relativement peu emprunté à ses voisins, en revanche le latin a beaucoup pris au grec, l'arabe aux langues orientales, le swahéli à l'arabe, l'hébreu à l'araméen et au persan, etc. Ensuite, il s'agit d'un acte interhumain extrêmement répandu dans l'espace terrestre : aucune langue n'est une île, et les relations entre les nations, dont l'importance va croissant avec la modernisation des moyens de transport et de communication, font que nul parler (pourvu ou non d'une écriture) n'est totalement « à l'abri » de ces adjonctions venues d'ailleurs...

Un mythe tenace veut que nos ancêtres se soient jadis « débrouillés » sur le plan langagier avec un stock très réduit de mots et qu'ils aient pu exprimer (notamment à l'époque classique) l'universalité des idées, des pensées et des activités humaines avec un répertoire modeste, mais efficace et surtout purement « indigène ». Le professeur Charles Muller, de Strasbourg, a depuis longtemps ruiné la thèse des « 1 200 mots de Jean Racine » sur des bases scientifiques incontestables. D'autre part, nous signalerons que, dès le Moyen Age, de nombreux secteurs d'activités artistiques, intellectuelles et techniques utilisèrent des termes qui ne se rencontraient que dans les langues exotiques des pays où brillaient particulièrement lesdites activités : l'arabe, l'espagnol, le persan, le portugais, l'hindoustani accrurent notablement les bases gréco-latines primitives. Il n'existe pratiquement pas plus de langue pure que de race pure ; c'est pourquoi l'opposition systématique à l'emprunt relève d'un ensemble de préventions quelque peu frileuses, qui se croient d'inspiration classique et noble mais ne sont guère, en fait, que l'antichambre de la xénophobie.

Si une langue emprunte à une autre, c'est le plus souvent dans un contexte de nécessité économique ou idéologique : qu'il s'agisse d'un produit d'origine étrangère, d'une technique nouvelle, d'une activité encore inconnue, de besoins concrets dus à un phénomène humain d'immigration ou de « transhumance », d'une réalité typique d'un pays lointain que l'on cherche à dénommer exactement, l'utilisation du vocable étranger est presque toujours justifiable, dans la mesure où le français, comme toute autre langue, se trouve, en dépit de sa richesse réelle ou supposée, démuni devant la référence à certains objets inédits ou face à des concepts neufs. Nous voici alors placés devant un triple choix : ou bien créer en français des mots entièrement nouveaux (tel *magouille*, né vers 1970), ou bien réanimer des mots plus ou moins anciens et disparus de l'usage (comme la *maintenance*, les *nuisances*, le *tramway* ou le *péage*) ou enfin emprunter, c'est-à-dire importer le terme étranger en même temps que ce à quoi il renvoie.

Les seules langues – faut-il le rappeler? – dont le lexique ne change pas, sont celles que l'on appelle mortes! (encore que beaucoup de leurs éléments demeurent, comme des greffes productives, dans les langues vivantes qui sont les nôtres!).

Certes, à côté de ces emprunts « de nécessité », il existe nombre de mots étrangers employés en français de façon plus « légère » et apparemment plus éloignée de nos besoins vitaux. Feux du snobisme et des modes, manies ou engouements fugaces, autant de facteurs qui contribuent à créer, parallèlement aux précédents, des emprunts qu'on peut dire « de luxe ». Nous ne voyons là, aucun danger réel pour l'équilibre de la langue française, mais bien plutôt l'extériorisation, sur le plan verbal, de ce besoin de renouvellement perpétuel dont l'humanité est si fortement marquée au fil des générations. Comme en bien des domaines, on peut affirmer que l'immobilité lexicale, c'est la mort, tout au moins le déclin progressif des possibilités et des capacités d'expression. Ajoutons, pour ceux qui craignent la pléthore, que nombre de ces emprunts « de luxe » s'évanouissent au bout de quelques années, sinon quelques mois. La simple comparaison entre les éditions annuelles du Petit Larousse illustré montre que s'il y a flux, il y a également reflux, et que notre langue – comme toute langue assurée d'elle-même – dans sa mouvance et sa souplesse, élimine définitivement à peu près autant de mots qu'elle en adopte...

Le mot d'origine étrangère peut se présenter dans notre langue sous diverses formes.

1. Sans aucun changement (au moins graphique) : c'est le cas de très nombreux mots africains, japonais (*judo, karaté, aikido*), tahitiens (*vahiné, tiaré*), dont la structure phonologique et morphologique est compatible avec le système français et ne nécessite pas d'arrangements particuliers. D'autre part, beaucoup d'unités uniquement orales sont transcrites phonétiquement en français, sans que se pose aucun problème de « respect » d'une graphie originale (c'est le cas de nombreux mots créoles).

Même situation pour quantité de noms propres géographiques pris tels quels et considérés comme noms communs dans la langue d'arrivée : *astrakan, chihuahua, havane, madras, pékin, shantoung, sisal,* etc. Ce transfert désignatif, qui porte en rhétorique le nom savant d'*antonomase* (« prendre un nom pour un autre nom ») s'effectue tout aussi bien à l'intérieur de la langue française : *un bordeaux, un beaujolais, du camembert, du tulle,* etc.

2. Avec une légère francisation graphique et phonique, notamment à la finale du mot : *tabac,* de l'espagnol *tabaco, banane,* du portugais ou de l'espagnol *banana* (eux-mêmes ayant adapté un mot guinéen), etc. Notons que même en l'absence de tout aménagement graphique, le mot étranger est plus ou moins prononcé « à la française », et jamais exactement comme dans sa langue d'origine.

3. Sous une forme largement francisée : autrefois, les Français pratiquaient de façon beaucoup plus radicale qu'aujourd'hui la naturalisation du mot étranger. Le chef indien *See-Quayah* est ainsi devenu, si l'on peut dire, le *séquoia,* le malais *kayou pouti* a fourni l'essence de *cajeput,* le *huszar* hongrois s'est civilisé (?) en *hussard,* etc. Et l'espèce de foulard que portaient les cavaliers *Croates* s'est métamorphosé en cet appendice vestimentaire que nous nommons *cravate*! Cette adaptation assimilatrice, certes, ne s'est pas produite sans aléas ni sans déformations parfois drolatiques (c'est le cas de *avocat* et de *pamplemousse,* entre autres). Mais comme ce processus appelé parfois étymologie populaire s'est manifesté également au sein de notre propre lexique (*souffreteux,* par exemple, n'a originellement rien à faire avec la famille de *souffrir*), nous aurions mauvaise grâce à nous gendarmer contre ce type d'erreurs qui ont donné naissance à quelques-unes de nos « richesses ».

Bien des langues fort éloignées de la nôtre (le turc ou le japonais, entre autres) n'hésitent pas à plier les mots qu'elles empruntent aux règles contraignantes de leur propre système. Il ne faut donc pas considérer que la forme ni le sens du mot emprunté soient des données intangibles et devant être considérées comme « sacrées ». L'utilité de l'emprunt et la commodité de son vêtement sont les critères principaux, pour ne pas dire uniques, qui guident les « emprunteurs ».

Pourquoi hésitons-nous à franciser systématiquement les mots étrangers que nous accueillons? Seuls, quelques rares auteurs nommés Queneau, Aymé, Céline, Boudard ont osé franchir le pas, et faire imprimer des *vécés, ouiquendes, bloudjinzes,* etc. Si ces tentatives n'ont jamais été prises au sérieux par les lecteurs et encore moins par les institutions, s'il y a eu phénomène de rejet devant des réécritures qui passaient très bien au XIXᵉ siècle, à quoi est-ce dû? On peut penser qu'il y a eu, à notre époque, un changement d'attitude à l'égard des langues étrangères, et surtout de l'anglais. La connaissance et la pratique de cette langue, en effet, même si elles demeurent imparfaites et parfois superficielles, ont tout de même fait de grands progrès chez nous, et tel de nos compatriotes pourrait craindre, en francisant complètement les mots empruntés à l'anglais, de paraître ignare aux yeux d'autrui.

4. On peut certes trouver préférable la traduction intégrale en français du terme emprunté. Il est vrai que *espace vital* dit autant et même plus pour un esprit français que *Lebensraum,* ou *surhomme* que *Uebermensch,* et que *logiciel* a brillamment détrôné *software.* Mais lorsqu'il s'agit de désigner des objets ou des idées parfaitement typiques d'un autre système de pensée ou de vie, le mot étranger « résiste » et conserve souvent sa forme intacte.

C'est notamment le cas de ce qu'on appelle *xénismes* ou *pérégrinismes,* c'est-à-dire de mots que l'on ne peut ni ne veut réellement acclimater dans notre lexique, et qui conservent à son égard une large autonomie. Pourquoi donc s'y intéresser, dira-t-on? Parce qu'ils figurent, comme indices de pittoresque, de couleur locale, d' « effet de réel », comme disait Roland Barthes, dans de nombreux textes de fiction ou de reportage; et comme signes de haute précision dans les études ethnographiques ou sociologiques qui concernent les peuples et les langues auxquels nous nous intéressons ici. Le pouvoir des xénismes est de fascination : citations d'un ailleurs et manifestations d'une forte *différence,* ils ne peuvent nous laisser... indifférents.

Ceci nous amène à un dernier point : comment avons-nous recensé et sélectionné les centaines de mots traités dans ce livre?

Indiquons tout d'abord nos principes d'exclusion. Le lecteur ne trouvera ici que très peu d'emprunts directs à l'anglais ou à l'américain : leur étude demanderait un volume entier, et il existe maint ouvrage qui recense les « anglicismes » et les « américanismes ». Il existe également un grand nombre de mots français d'origine européenne, que nous n'avons pas estimés suffisamment exotiques pour les faire figurer dans ce livre : aussi trouvera-t-on assez peu d'éléments venus directement d'Allemagne, d'Espagne, d'Italie, de Hollande, etc. En outre, tout ce qui, dans le lexique français, est issu des langues « périphériques » : breton, basque, catalan, provençal, flamand, etc. entre dans un autre système de « contact linguistique ». Ces apports, qui sont loin d'être négligeables, feront peut-être, dans cette collection, la matière d'un autre ouvrage...

D'autre part, les emprunts à l'arabe, au turc, à l'arabo-persan, bref aux langues de grande communication de l'Islam, seront traités dans un ouvrage distinct, au sein de cette collection. On ne trouvera donc ici que quelques rares mots d'origine arabe, dont l'absence dans ces pages aurait privé une « famille lexicale » d'un élément en faisant étroitement partie.

« Ce qui reste » est encore un immense champ d'investigation, qui déborde largement le vocabulaire moyen de chacun d'entre nous. Une bonne part des mots, dans ce livre, ne font pas partie de notre compétence active, mais seulement de notre compétence passive : nous les comprenons lorsque nous les lisons ou les entendons, mais nous n'avons pas (ou guère) la possibilité de les utiliser nous-mêmes dans des phrases réalisées. Avons-nous pour autant outrepassé les frontières du « français vivant » (et retrouvé) et nous sommes-nous livré ici aux vaines délices d'une collection maniaque ?

La réponse est simple : tous les mots qui sont présentés dans ce livre figurent :

– dans les dictionnaires : notre base étant le *Petit Robert* (édition de 1985), complété par le *Grand Dictionnaire Encyclopédique Larousse* (10 volumes publiés de 1982 à 1985), par le *Grand Robert* en 9 volumes (édition de 1985), le *Trésor de la langue française* (11 volumes parus depuis 1971) et même le *Dictionnaire de la langue française* d'Émile Littré (1863-1873), parfois surprenant d'« ouverture » et de modernité ;

– dans des textes nombreux que nous avons choisis en raison de leur intérêt documentaire ou littéraire. Nous avons tenu, pour illustrer la diversité extrême des aspects exotiques du lexique français, à dépouiller des ouvrages qu'on peut classer dans des genres fort différents, en nous refusant à censurer, à exclure ou à sacraliser quelque domaine de l'écrit que ce soit.

On verra donc côte à côte, dans le plus complet syncrétisme culturel : des « grands écrivains » et de « petits auteurs », ou si l'on préfère, de la « grande littérature » et de la « mauvaise »...; des auteurs anciens et des auteurs contemporains, les dates s'échelonnant, en gros, de 1548 (Rabelais) à 1985 (Le Clézio, Besson); des auteurs « hexagonaux » et des auteurs non français; des auteurs favorables au pluralisme culturel, des « observateurs » professionnels (Claude Lévi-Strauss, Georges Balandier, Jean Malaurie) et même des auteurs xénophobes, voire racistes, auxquels, bien entendu, nous laissons l'entière responsabilité de leurs productions « littéraires ».

Cette cohabitation intertextuelle, même si elle peut parfois choquer un lecteur habitué à ce qu'on ne « mélange pas les torchons et les serviettes », nous semble avoir un double avantage : montrer concrètement la diversité des positions idéologiques, y compris dans le cadre de la « littérature », qui n'est pas un monde à part, à l'abri des idées et des conflits du « monde réel »; et illustrer le fait que le lexique d'une langue est véritablement un bien commun, un trésor mouvant et inépuisable où communautés et individus cherchent et trouvent, à travers maints tâtonnements, les moyens vivants de la communication – pacifique ou hostile.

Nous serions heureux si ce petit livre pouvait aider à convaincre ceux qui, contre vents et marées, demeurent persuadés que l'autarcie linguistique est possible et même souhaitable, à leur faire sentir que les langues ne sont pas immuables et indépendantes des vicissitudes de l'Histoire et que, sans pour autant applaudir à toutes les créations verbales venues d'ailleurs, il est normal d'admettre en notre langue une certaine *étrangeté,* reflet des contradictions et des mélanges du réel, qui peut nous aider à mieux vivre dans l'immense communauté des animaux parlants.

J.-P. C.

NOTE PRÉLIMINAIRE

Notre plan s'oriente, grosso modo, du concret vers l'abstrait, de la Nature géographique et géologique « brute » aux dimensions culturelles et idéologiques de l'Homme. Il est toujours malaisé, voire impossible, de regrouper sous des têtes de chapitres irréfutables des thèmes ou des objets aussi extraordinairement divers. On nous accordera donc que la disposition que nous avons choisie (et qui s'inspire du *Begriffssystem* de Hallig et Wartburg) n'est pas plus incommode ni plus arbitaire que d'autres modes de présentation ; la nôtre a tenté d'être claire et de suivre un enchaînement harmonieux. Il est du reste loisible au lecteur, grâce à l'index, de consulter cet ouvrage à la manière d'un dictionnaire spécialisé.

Rappelons qu'on appelle *entrée*, en lexicographie, toute unité faisant l'objet d'un article de dictionnaire et figurant, généralement en caractères gras, en tête dudit article.

Orthographe

Les variantes orthographiques des mots exotiques sont souvent innombrables. Nous avons signalé celles qui nous paraissent importantes et que mentionnent les dictionnaires. On ne sera pas surpris, d'autre part, de voir, parfois, dans la citation, le mot d'entrée orthographié d'une façon différente : la norme en ce domaine est très floue, et les auteurs ont des « habitudes », parfois locales, qui contredisent assez souvent la version officielle.

Prononciation

Nous la donnons seulement pour certains mots, qui nous semblent présenter une difficulté particulière. Nous avons adopté, comme système de transcription, une représentation simple et naïve des sons, un compromis entre l'Alphabet phonétique international, à l'aspect trop technique pour beaucoup de lecteurs, et une représentation empirique du mot vocal, telle qu'on la rencontre chez maint vulgarisateur du français.

Étymologie

Nous avons donné l'étymologie qui, après examen et confrontation des dictionnaires, nous a paru la plus plausible. Mais il demeure en ce domaine de nombreuses incertitudes ; en particulier, l'étiquette « étymologique » de *latin scientifique,* que nous adoptons, faute de mieux, à la suite de nombreux dictionnaires, ne recouvre pas grand-chose de précis, dans bien des cas, et sert surtout à voiler pudiquement l'ignorance du lexicographe. D'autre part, le phénomène de l'emprunt « en cascade » perturbe parfois la rigueur d'une provenance simple et directe, « en droite ligne »; par exemple, le mot si connu de *banane* vient d'une langue bantoue de Guinée par l'espagnol ou le portugais. S'il y a ici incertitude, elle n'est pas de notre fait, mais liée à l'extrême difficulté de suivre, à travers le monde du commerce, de l'exploration plus ou moins colonisatrice, des conflits ethniques, des coopérations internationales, etc., le cheminement exact des vocables. Pour de nombreuses langues, notamment africaines ou polynésiennes, l'absence de dictionnaires mono- ou bilingues s'est fait cruellement sentir. Parfois les écrivains, grâce à la glose que contenait leur texte, nous ont aidé à émettre une hypothèse. Quant à la datation de la première apparition du mot, elle est souvent approximative, surtout lorsqu'il s'agit de langues dépourvues d'écriture et donc, de documents-témoins. Aussi avons-nous dû plusieurs fois nous contenter de l'indication vague : (XXᵉ s.); parfois même, nous avons préféré ne pas mentionner de date.

On remarquera d'autre part que le pays de l'origine linguistique du mot d'entrée et le lieu de son emploi courant sont quelquefois très éloignés : nous n'avons pu, la plupart du temps, que constater cet état de fait, sans prétendre lui trouver une explication satisfaisante.

Définition

Nous avons visé la brièveté dans ce domaine, d'autant que la citation est souvent « éclairante ». Et dans le cas où celle-ci définit explicitement et précisément le terme figurant en entrée, nous avons purement et simplement supprimé la définition, qui eût fait double emploi.

Index

On trouvera en fin de volume un index permettant de trouver rapidement tout mot exotique traité ou même simplement mentionné, soit en entrée, soit dans le corps d'un article.

Cartes

Nous faisons figurer ci-après (pp. 14 à 18) des cartes du monde, simplifiées et légendées de sorte qu'on puisse localiser sans peine sur le globe terrestre les nombreuses langues, parfois très peu connues des Occidentaux, qui sont citées ici.

L'auteur de ce petit livre serait heureux de recevoir remarques et critiques des lecteurs, qui lui permettraient de pallier les défauts et de corriger les erreurs qui, très probablement, vu l'ampleur de la tâche témérairement entreprise, ont dû se glisser entre les pages de ces *Mots exotiques*.

LES LANGUES CITÉES DANS CE LIVRE

Seules figurent ici les langues dont la localisation n'est pas évidente : sont donc absents, par exemple : l'islandais, le danois, l'allemand, etc.

AMÉRIQUE et ANTILLES

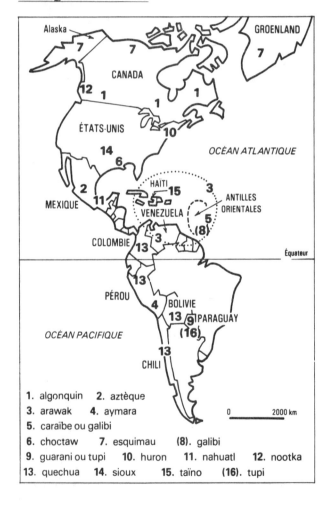

1. algonquin 2. aztèque
3. arawak 4. aymara
5. caraïbe ou galibi
6. choctaw 7. esquimau (8). galibi
9. guarani ou tupi 10. huron 11. nahuatl 12. nootka
13. quechua 14. sioux 15. taïno (16). tupi

algonquin : USA et Canada, disséminé d'Est en Ouest
aztèque : Mexique
arawak (arouak) : Antilles + Nord de l'Amérique du Sud
aymara : Pérou
caraïbe : Antilles orientales
choctaw : Région du Mississippi
esquimau : Groënland, Canada, Alaska
galibi : (synonyme de *caraïbe*) Antilles et Nord de l'Amérique du Sud
guarani : Parana et Paraguay
huron : Nord-Est des USA
nahuatl : Mexique
nootka : Canada : côte occidentale de l'île de Vancouver
quechua : Pérou, Colombie, Bolivie, Chili
sioux : Ouest du Mississippi
taïno : Haïti (famille de l'arawak)
tupi : voir guarani (même distribution)

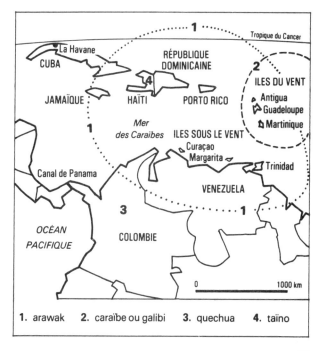

1. arawak   2. caraïbe ou galibi   3. quechua   4. taïno

AFRIQUE

abé : Soudan-Guinée (groupe éburnéo-dahoméen)
afrikaans : Afrique du Sud
arabe : Maghreb, Libye, Égypte, Arabie Saoudite, Émirats, Irak...
bantou : Afrique Centrale et méridionale (sauf le sud-ouest)
éwé : Soudan, Guinée, Togo (région de Lomé)
kwa : Delta du Niger
lébou : Région de Dakar
malgache : Madagascar
malinké : Groupe Nigéro-sénégalais
mandingue : Gambie
ouolof : bas-Sénégal
swahili : Afrique orientale

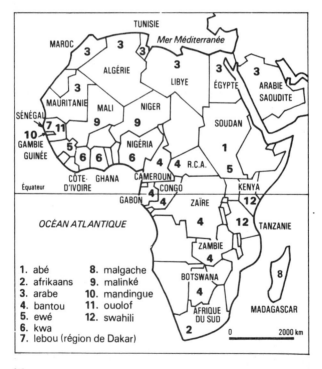

ASIE

annamite : Vietnam
caucasien : entre mer Noire et mer Caspienne
cinghalais : Sri Lanka
gujarati : côte ouest de l'Ind
hindi : centre de l'Inde
hindoustani : dialecte de l'hindi
khmer : Cambodge
malayalam : dialecte de l'hindi
mandchou : Chine du Nord : dialecte toungouse
mongol : Chine du Nord
pâli : Sri Lanka (langue religieuse ancienne)
persan : Iran
sanskrit : ancienne langue de l'Inde
tamoul : extrême Sud-Est de l'Inde (Pondichéry, Karikal)
tatar : dialecte turc de Sibérie et de Russie
telugu : Sud-Est de l'Inde (ville : Haïderabad)
tibétain : plateaux himalayens (aujourd'hui province chinoise)
toungouse : Russie du Sud-Est, près de la Chine du Nord
tzigane : Nord-Ouest de l'Inde

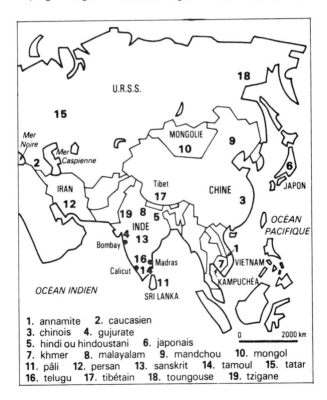

1. annamite   2. caucasien
3. chinois   4. gujurate
5. hindi ou hindoustani   6. japonais
7. khmer   8. malayalam   9. mandchou   10. mongol
11. pâli   12. persan   13. sanskrit   14. tamoul   15. tatar
16. telugu   17. tibétain   18. toungouse   19. tzigane

OCÉANIE

canaque : Nouvelle-Calédonie
malais : Indonésie et presqu'île malaise
maori : Polynésie
tagal : Côtes de l'île de Luçon, aux Philippines

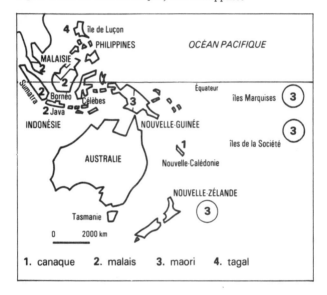

1. canaque   2. malais   3. maori   4. tagal

Informations géographiques « de première urgence »

L'émiettement planétaire de nos pays « exotiques » est si considérable que le lecteur aura parfois quelque mal à s'y retrouver, notamment dans le cas des innombrables îles où fleurissent certains des mots que nous avons recensés et commentés. Aussi avons-nous jugé utile de présenter en avant-garde les lieux « rares » que nous mentionnons dans le cours de cet ouvrage, en espérant que ces précisions permettront aux oublieux de la géographie lointaine de situer plus exactement les références sur lesquelles, de temps à autre, ils risquent de buter... Nous avons réparti les données qui suivent en quatre grandes zones qui rappelleront peut-être aux « anciens » les fameux continents qui dérivaient dans les beaux et naïfs manuels de l'école primaire de la IIIe République française.

AMÉRIQUE ET ATLANTIQUE

Les *Bermudes* sont un archipel britannique de très faible superficie (53 km), situé dans l'Atlantique, à 1 000 km à l'est des côtes de la Caroline du Nord (cap Hatteras) et à 1 400 km environ au nord de Porto-Rico. Ces îles, dont la réputation touristique n'est plus à faire, furent découvertes en 1515 par l'Espagnol Juan Bermudez et devinrent anglaises à partir de 1612. Elles ont acquis l'autonomie interne en 1968.

La *Louisiane* est un État du Sud des États-Unis; son nom lui fut donné en hommage à Louis XIV par l'explorateur français Cavelier de la Salle, qui découvrit et s'appropria la contrée dès 1682. Après des périodes de rivalité et de conflits avec l'Espagne et l'Angleterre, la Louisiane devint définitivement « américaine » en 1803. On rencontre parmi ses habitants, d'origine très diverse, nombre de *Cajuns,* parlant le français de façon pittoresque, et descendants des Acadiens, chassés par les Anglais, en 1755, de la Nouvelle-Écosse, du Nouveau-Brunswick et de l'île du Prince Edouard (à l'époque île Saint-Jean), ces trois territoires constituant l'Acadie. L'avocat James Domengeaux a fondé en 1968 le *Conseil pour le Développement du Français en Louisiane* (CODOFIL), qui est un remarquable organisme de défense de la francophonie aux États-Unis.

La *région Caraïbe* est un vaste ensemble géographique formé par les Antilles et une partie du pourtour de la mer des Antilles (ou mer des Caraïbes); le nom de *caraïbe* ou *carib* vient d'un ancien peuple de cette zone, qui a été à peu près anéanti par la colonisation franco-anglaise à partir du XVIIᵉ siècle. Il demeure encore quelques centaines de représentants de cette ethnie à Saint-Domingue.

Les *Antilles* sont un très grand archipel, qui s'étend sur 2 500 km, du golfe du Mexique au Venezuela.
On distingue les *Grandes Antilles : Cuba, Haïti-Saint-Domingue, La Jamaïque* et *Porto-Rico,* plus les *Bahamas* (au Nord de Cuba et d'Haïti); et les *Petites Antilles :* au Nord, les *Iles Vierges* et les *Antilles néerlandaises,* les îles anglaises *Anguilla* et *Montserrat;* au Centre, la *Guadeloupe,* découverte par Christophe Colomb en 1493, et qui porte le nom d'un sanctuaire d'Espagne dédié à la Vierge (Guadalupe, dans l'Estramadure); la *Dominique,* île anglaise indépendante depuis 1978; la *Martinique,* département français d'Outre-Mer (D.O.M.), comme la Guadeloupe, a été découverte en 1502 par Christophe Colomb, mais n'a jamais été colonisée par les Espagnols; au Sud, *Sainte-Lucie, Saint-Vincent* et *Grenade* (Iles-sous-le-Vent); enfin, près des côtes du Venezuela, *Tobago* et *Trinité.*

AFRIQUE ET OCÉAN INDIEN

La *Casamance* est une partie du Sénégal, située au Sud, entre la Gambie et la Guinée-Bissau.

Les (îles) *Mascareignes* sont le nom ancien, aujourd'hui désuet, donné à un archipel de l'Océan Indien situé à l'Est de Madagascar; il vient du navigateur portugais Pedro de Mascarenhas, qui découvrit au début du XVIᵉ siècle La Réunion. Cet archipel comprend :
– l'*île Mauritius,* colonisée par les Hollandais en 1598 et baptisée ainsi pour honorer Maurice de Nassau, fils de Guillaume le Taciturne et stathouder de Hollande. Elle devint en 1715 l'*Ile de France,* puis les Anglais, en 1814, à la chute de Napoléon, lui rendirent son appellation première d'*île Maurice.* Elle devint indépendante en 1968;
– l'*île Bourbon* appelée ainsi en 1649 par Pronis, gouverneur français de Madagascar. Elle prit le nom de *La Réunion* en 1793 (dans le contexte de la Révolution française). Elle fut nommée île Bonaparte sous l'Empire, puis de nouveau Bourbon sous la Restauration, avant de retrouver son nom définitif. C'est, aujourd'hui encore, un D.O.M. (Département d'Outre-Mer);
   – les îles *Rodriguez, Agalega, Cardagos,* etc.

Les (îles) *Seychelles* sont un vaste archipel, situé très au Nord de Madagascar, qui comprend une trentaine d'îles, sans compter plusieurs dizaines d'atolls volcaniques et coralliens. Très anciennement fréquenté par les marchands arabes, puis colonisé par les Français – son nom provient de Jean Moreau de Séchelles, contrôleur général des Finances – jusqu'en 1814, ce territoire morcelé devint anglais à la chute de Napoléon, et n'acquit son indépendance qu'en juin 1976.

ASIE DU SUD

La République de *Sri Lanka* est le nom pris en 1972 par l'ancienne *Ceylan,* grosse île (66 000 km) située à l'Est de l'Inde et colonisée par les Anglais à partir de 1796. La capitale est Colombo, port de la côte Ouest.
A l'Ouest et au Sud-Ouest de Sri Lanka se trouve l'archipel des *Maldives* (de *Maldvipa,* «îles de Mâl»), poussière de plusieurs centaines d'atolls dont deux cents seulement sont habités. Ancien protectorat britannique, les Maldives sont indépendantes depuis 1965.
La côte de *Malabar* est une région littorale à l'Ouest de l'Inde, bordée par la mer d'Oman. La côte de *Coromandel* est située de l'autre côté de l'Inde, sur le golfe du Bengale, de part et d'autre du port de Madras.

La *péninsule de Malacca* ou *Presqu'île malaise* et le *détroit de Malacca* sont la transition géographique entre l'Asie du Sud-Est et l'Indonésie. La péninsule est bordée, à l'Ouest, par le détroit homonyme et à l'Est, par la Mer de Chine et le golfe de Thaïlande. Son territoire se répartit entre la Birmanie, la Thaïlande et la Malaisie. La capitale de la Malaysia occidentale, Singapour, fait face à l'île de Sumatra.

OCÉANIE

L'*Insulinde* regroupe l'Indonésie et les Philippines.

L'Indonésie est un État qui s'étend sur des milliers de kilomètres et rassemble de nombreuses îles échelonnées entre la presqu'île malaise et l'Australie; on distingue d'Ouest en Est :
– Sumatra, Java, Bornéo, les Célèbes, Céram et Buru.

Les *îles de la Sonde* désignent Java et Sumatra; les *Célèbes* ou *Sulawesi* sont une grande île découverte en 1512 par les Portugais, puis colonisée jusqu'en 1950 par les Hollandais; les *Moluques,* qui comprennent, entre autres, Ceram et Buru, ont été explorées, puis colonisées par les Portugais. Livrées aux incessantes rivalités entre Hollandais et Anglais, elles ont été incorporées en 1945 à la République d'Indonésie.

Le *détroit de Cook* sépare les deux îles constituant la Nouvelle-Zélande.

La *Mélanésie française* comprend la *Nouvelle-Calédonie,* les *îles Loyauté* et les *Nouvelles-Hébrides.* La Nouvelle-Calédonie, découverte par Cook le 4 septembre 1774, a été colonisée par les Français, qui installèrent un pénitencier dans l'île Nou. Les Canaques, habitants premiers de ce Territoire d'Outre-Mer, ont toujours mal accepté et supporté la présence de la France, même s'ils se sont prononcés pour la France libre durant la Seconde Guerre mondiale. Les *Nouvelles-Hébrides,* qui se nomment aujourd'hui *Vanuatu,* ont acquis leur indépendance en 1980. A la différence de la Nouvelle-Calédonie, les habitants sont pour moitié francophones et pour moitié anglophones.

La *Polynésie française* est un Territoire d'Outre-Mer, appelé jusqu'en 1957 *Établissements français de l'Océanie.* Il regroupe les dizaines d'atolls nommés *Tuamotou,* les îles Marquises, les îles Gambier, les îles Australes et les îles de la Société, les plus célèbres, avec Tahiti (dont la capitale Papeete a reçu la visite de voyageurs illustres), Bora-Bora, Mooréa, etc.

La description du monde

Notre planète présente des aspects très divers : rien d'étonnant donc si les géographes et les géologues ont adopté en français un assez grand nombre de termes étrangers désignant une particularité du sol, du climat, du relief, de la végétation, ou bien encore un phénomène naturel spectaculaire et étroitement situé. Certains de ces termes sont très connus de nous, et figurent souvent dans les romans d'aventure (par exemple *cañon, steppe, typhon*) : d'autres apparaissent comme plus techniques, mais ne sont pas non plus à écarter de notre recensement. Tous font partie de ce vocabulaire riche et parfois surprenant qui sert à identifier, à nommer toutes ces formes de la réalité physique et tellurique qui nous « dépaysent ». En route, amis lecteurs, pour ce tour de la Terre lexical, prélude peut-être à un véritable effort de voyage dans l'espace, en tout cas amorce d'une connaissance ouverte, qui nous projettera hors de nous-mêmes, loin de nous-mêmes : ailleurs...

La terre et la mer

Atoll

D'*atolu,* mot des îles Maldives du cinghalais *atul,* « à l'intérieur » : île formée d'un anneau de corail ou de madrépores, qui entoure un **lagon** (voir p. 34).

> Ce sont d'étranges îles que ces atolls. Un être infime, un zoophyte, les a fait surgir par centaines au milieu de la mer. On ne sait sur quels fondements ces madrépores ont établi leur muraille circulaire, lentement formée, à travers les siècles, par des myriades de leurs cadavres agglutinés. Cela s'arrête au ras de l'eau. L'océan fait le reste, jette sur cette rive neuve des fragments de corail, des coquilles, du sable, des matières végétales. Le sol s'élève peu à peu, jusqu'à la hauteur que peut gravir l'élan brisé de la vague, un peu plus que celle d'un homme. C'est une margelle à peine saillante, un anneau de roche tourmentée, fait d'îlots innombrables qui se soudent ensuite et forment bloc.
> Albert T'Serstevens, *L'Or du Cristobal.*

Brousse

Du provençal *brousso,* « broussailles » de la même racine que *brosse* (1817) : végétation composée de petits arbustes et arbrisseaux, dans les pays tropicaux.

Bush

Mot anglais, « broussailles » (1926) : végétation dense et basse, adaptée à un climat sec et qu'on rencontre surtout en Afrique et en Australie, mais aussi en Amérique.

> ... le « bush » canadien, composé d'une variété d'épicéa qu'on nomme l'épinette, et qui pousse droit comme un cierge, avec de très faibles ramures, et plus l'on va vers le Nord ou l'Ouest en direction des « Barren Lands », plus la taille diminue pour ne plus former qu'un hérissement de petites perches bien droites, gainées par le fourreau de velours noir de branches ne dépassant pas trente centimètres de long.
> Frison-Roche, *Peuples chasseurs de l'Arctique.*

Cañon ou Canyon

Mot espagnol du Mexique (1877) : vallée très profonde creusée dans un terrain calcaire par une rivière.

> La haute rive creusée de petits cañons coulait jusqu'aux rochers plats en éventail qui formaient des séries de cuvettes et de piscines où des corps bruns en pagne s'immobilisèrent à notre approche.
>
> Jean Monod, *Un riche cannibale.*

Chapada

Mot portugais; plateau gréseux du Brésil, limité sur ses côtés par de forts escarpements.

Doline

Du serbo-croate *dolina,* « vallée » (v. 1900) : dépression creusée par les eaux dans un relief calcaire (voir **karstique,** p. 27).

Fjord

Mot norvégien (1835) : sorte de défilé correspondant
à une profonde avancée de la mer à l'intérieur des
terres.

> Le fjord était large en cet endroit d'un demi-mille au
> moins ; les vagues déferlaient avec bruit sur les rocs aigus ;
> ce golfe s'évasait entre des murailles de rochers, sorte
> d'escarpe à pic haute de trois mille pieds et remarquable
> par ses couches brunes que séparaient des lits de tuf d'une
> nuance rougeâtre.
>
> Jules Verne, *Voyage au centre de la terre.*

Hinterland

Mot allemand (1894), qui équivaut exactement à notre
arrière-pays (*hinter,* « derrière », *Land,* « pays »). On
emploie ce terme pour désigner la région desservie par
un port, un canal, un fleuve, etc.

> L'économiste vous dira que faute de pétrole, de manganè-
> se, de bauxite, de kilowatt à bon marché, d'uranium ou
> d'un hinterland qui possède tout cela, elle [Dakar] est
> condamnée à étouffer, à long terme.
>
> Pierre et Renée Gosset, *L'Afrique, les Africains.*

Iceberg

Mot norvégien, *ijsberg,* « montagne de glace », par l'anglais (1857) ; énorme masse de glace flottante ou reposant
sur le fond marin, et dont n'émerge qu'un huitième
environ du volume total. L'iceberg représente un grand
danger pour les navires, l'exemple le plus célèbre de
naufrage dû à une collision étant celui du *Titanic,* qui se
produisit en avril 1912 (on ne repéra l'épave qu'en 1985).
La citation suivante regroupe un certain nombre d'appellations qui montrent combien ce domaine de la « terre de
glace » est complexe et difficile à décrire avec précision :

> Dans notre langage de baleiniers, monsieur Clawbonny,
> nous appelons cela un ice-field, c'est-à-dire une surface
> continue de glaces dont on n'aperçoit pas les limites. – Et
> de ce côté, ce champ brisé, ces longues pièces plus ou

moins réunies par leurs bords? – Ceci est un pack; s'il a
une forme circulaire, nous l'appellerons palch, et stream,
quand cette forme est allongée. – Et là, ces glaces flottan-
tes? – Ce sont des drift-ice; avec un peu plus de hauteur,
ce seraient des icebergs ou montagnes; leur contact est
dangereux aux navires, et il faut les éviter avec soin. Tenez,
voici là-bas, sur cet ice-field, une protubérance produite
par la pression des glaces; nous appelons cela un hum-
mock; si cette protubérance était submergée à sa base, nous
la nommerions un calf; il a bien fallu donner des noms à
tout cela pour s'y reconnaître.

> Jules Verne, *Les Aventures du capitaine Hatteras.*

Inlandsis

Mot scandinave, « glace à l'intérieur du pays » (1888); ce
mot est synonyme de *glacier continental.*

> Nansen, le grand Norvégien, avait traversé le premier
> l'inlandsis, le prodigieux glacier groënlandais « six fois
> grand comme la France, monsieur le capitaine ».
> Roger Vercel, *Au large de l'Eden.*

Jungle

De l'hindi *jangal,* « steppe », par l'anglais (1796);
formation végétale qui prospère en Inde et en Asie du
Sud-Est grâce au climat chaud et humide.

> Jamais un lecteur ne me croira qui n'a pas vu la jungle
> de Ceylan. Des arbres qui ont l'air de bondir, de danser, de
> danser de joie, délirants de sève et de lumière. Des arbres
> qui s'enlacent, qui se tiennent par les branches, qui se
> rejoignent de rameau à rameau.
> Francis de Croisset, *La Féerie cinghalaise.*

Karstique

De *Karst,* nom propre désignant une région au Nord-
Ouest de la Yougoslavie (1922); cet adjectif s'emploie en
géographie pour désigner un relief issu de l'érosion et de
la dissolution du calcaire par les eaux.

Merzlota

Mot fém. russe (1940); section du sol et du sous-sol qui,
sous certaines latitudes, reste gelée en permanence. Ce

mot a pour synonyme *tjäle* (mot suédois, « sol gelé en profondeur ») et **permafrost** (de l'anglais *perma(nent)* + *frost,* « gel »).

> Hay-River est cependant bâti sur le permafrost, c'est-à-dire sur une terre qui, gelée en profondeur, dégèle superficiellement durant le court et chaud été de l'Arctique.
>
> Frison-Roche, *Peuples chasseurs de l'Arctique.*

Morne

Mot créole des Antilles, de l'espagnol *morro,* « monticule » (1640); petite colline dominant une plaine d'érosion.

> La Punaaru, invisible dans son creux, cheminait péniblement, à-demi desséchée. Les deux mornes qui l'enserraient n'étaient pas également couverts de nuages.
>
> Victor Segalen, *Les Immémoriaux.*

Pack

Abréviation de l'anglais *pack-ice* (1851); fragment de banquise (voir la citation de Jules Verne à **iceberg**).

Pampa

Mot espagnol d'Amérique du Sud (1716); grande prairie d'Amérique du Sud, riche en graminées.

> Le Directeur lui parlait de Santa Cruz, d'Assomption, de Santiago, des randonnées dans la pampa et des pesos qu'on gagne.
>
> Roland Dorgelès, *Partir.*

Permafrost : voir **Merzlota**

Podzol

Mot russe, « cendreux » (1902); sol de la forêt boréale et de certaines régions subalpines. Les résineux modifient la terre, dont la surface se transforme en une couche cendreuse de quartz.

Polder

Mot néerlandais (1805); territoire gagné sur la mer par comblement, ou marais asséché, que l'on protège en Hollande par des digues.

Puszta

Mot hongrois, « désert » (v. 1900); nom donné à la vaste steppe qui couvre l'est de la Hongrie.

Raspoutitsa

Mot russe, « chemin rompu » (v. 1925); désignation savante d'un dégel accompagné d'une formation de boue.

Savane

Du taïno *savana,* par l'espagnol (1529); végétation des pays chauds et relativement secs, où dominent les graminées et les plantes à rhizome.

> Au-delà du mur végétal, il y avait un ample espace d'herbes rases. Sur le seuil de cette savane, un seul arbre s'élevait.
> Joseph Kessel, *Le Lion.*

Selve

Du portugais *selva,* du latin *silva,* « forêt » (1908); forêt vierge des pays équatoriaux, dense et humide.

Sertão

Mot portugais du Brésil (1875); zone semi-aride du Brésil.

> Le sertão désigne donc la brousse, mais s'opposant aux terres habitées et cultivées : ce sont les régions où l'homme ne possède pas d'installation durable. L'argot colonial fournit peut-être un équivalent exact avec « bled ».
> Claude Lévi-Strauss, *Tristes Tropiques.*

Sierra

Mot espagnol, « scie » (1765); nom donné en Espagne et en Amérique du Sud aux chaînes de montagne. Il y a certes l'image des sommets « en dents de scie », mais le mot *sierra* peut désigner également des sommets plus ou moins aplatis par l'érosion.

> Un cirque immense de blancheurs sous un précipice de mille pieds se refermait à l'horizon par une ligne de montagnes pâles. La lune éclatante et glacée était l'âme même de la sierra neigeuse et nulle part je ne l'ai vue plus divine que pendant cette nuit d'hiver.
> Pierre Louÿs, *La Femme et le pantin.*

L'équivalent de ce mot en portugais est *serra.*

> Pour la première étape, nous nous proposions de gravir les pentes de la Serra Bodoquena et de passer la nuit sur le plateau.
> Claude Lévi-Strauss, *Tristes Tropiques.*

Steppe

Du russe *step* (1679); végétation discontinue composée d'herbes de petite taille. On rencontre des étendues de ce type en Asie centrale, en Europe orientale et au Sahara.

> Hors les premiers contreforts des monts, nous sommes dans la steppe fertile, qui a dû, cette année, fournir un fourrage merveilleux.
>
> Gaston Leroux, *L'Agonie de la Russie blanche.*

Taïga

Mot russe (1908); forêt de conifères qui longe le Nord de l'Eurasie et du Nouveau Monde, à la limite de la toundra.

> Pour passer le temps nous courons sur la glace, battons des bras, et là tout près, dans la pénombre de la taïga, s'abattent peu à peu les quelques arbres qui nous protégeaient du vent.
>
> Frison-Roche, *Peuples chasseurs de l'Arctique.*

Tchernoziom

Mot russe, « terre noire » (1883); terre des steppes froides de l'Ukraine (et aussi du Canada), caractérisée par une grande fertilité.

Tjale : voir Merzlota

Toundra

Mot lapon, par le russe *tundra* (1876); végétation des zones subpolaires, faite de mousses, de lichens et de petits arbrisseaux, poussant sur la *merzlota* (voir ce mot).

> C'est déjà un paysage de toundra, nous sortons de la taïga progressivement, mais le versant Sud se couvre encore de sapins du haut en bas des collines : un mélange de forêt sibérienne et de toundra laponne.
>
> Frison-Roche, *Peuples chasseurs de l'Arctique.*

Veld(t)

Du néerlandais *veld*, «champ» (1900); prairie sans arbres, caractéristique de l'Afrique du Sud.

Verste

Mot féminin. Du russe *versta* (1607); mesure utilisée en Russie et correspondant à 1,067 km.

Et aussi...

Chaparral

Mot espagnol, dérivé de *chaparro*, «plantation de chênes» (1894); type de maquis que l'on rencontre au Mexique et en Californie, formé d'arbustes et d'arbrisseaux à feuilles persistantes et supportant bien le régime désertique.

Drumlin ou Droemlin

Du gaélique *druim*, «bord d'une colline», par l'anglais (1907) : colline de forme elliptique qui se constitue à proximité des glaciers d'*inlandsis* (voir p. 27).

Igapo

D'une langue indigène d'Amazonie; mot fém. (20e siècle); forêt marécageuse et quasi impénétrable de l'Amazonie, très souvent inondée et constituée principalement de palmiers et de lianes.

Inselberg

Mot allemand, de *Insel*, «île» + *Berg*, «montagne» (1953); butte rocheuse isolée, située au milieu d'une surface d'érosion et pouvant atteindre une altitude assez élevée. On en rencontre notamment en Afrique du Sud.

Nunatak

Mot des Esquimaux du Groënland (1913); éminence rocheuse qui, sur l'inlandsis, domine les glaces.

Polje

Mot serbo-croate, «plaine cultivable» (20e siècle); vaste dépression d'origine karstique (voir ce mot).

Puna

Mot quechua, «dépeuplé» (1732); dans les Andes, terres froides situées entre 3 000 et 5 000 mètres.

L'eau

Arroyo

Mot espagnol (1890); chenal ordinairement à sec, que les
fortes pluies tropicales transforment en cours d'eau
momentané. On rencontre des arroyos en Indochine, au
Brésil, etc.

> Il ne pleut [à Tucson, en Arizona], nous affirme-t-on, que
> quinze à vingt-cinq jours par an, des pluies diluviennes, et
> les arroyos, à sec la plupart du temps et qu'on traverse en
> voiture, car les ponts sont rares, se gonflent au point
> d'emporter et de démolir les autos qui s'y risquent et de
> noyer chevaux, hommes ou bétail.
>
> Georges Simenon, *Mémoires intimes.*

Bayou

Du choctaw *bajuk,* « petite rivière » (1699). Qui définirait
mieux ce terme qu'une institutrice acadienne ? Laissons-
lui la parole :

> Au pays des bayous, ces fausses rivières et bras d'eau peu
> profonds, à faible courant (de sorte que leur eau semble
> toujours dormir), voire carrément stagnants, et qui sont des
> bras secondaires de rivières, des méandres abandonnés par
> un fleuve capricieux.
>
> Jeanne Castille, *Moi, Jeanne Castille, de Louisiane.*

On notera que l'un des titres de la célèbre série romanesque de Maurice Denuzière est *Fausse-Rivière.*

Geyser

De l'islandais *Geysir,* nom propre désignant un geyser
parmi d'autres, par l'anglais (1783); source intermittente
qui projette en l'air, verticalement, de l'eau bouillante, de
la vapeur d'eau et des gaz sulfureux. L'existence des
geysers est liée à l'activité volcanique du sous-sol.

> Le geyser, mot que les Islandais prononcent « geysir », et
> qui signifie « fureur », s'élève majestueusement à son extré-
> mité. De sourdes détonations éclatent par instants, et
> l'énorme jet, pris de colères plus violentes, secoue son
> panache de vapeur.
>
> Jules Verne, *Voyage au centre de la terre.*

Lagon

Mot espagnol, dérivé du latin *lacus,* « lac » (1721); petite étendue d'eau salée séparée de la mer par un simple cordon littoral, ou par l'anneau d'un atoll.

> Du côté du lagon, tout s'ensommeille dans une langueur tropicale, l'ombre, sous les palmiers jaillissants, est chaude et sent la vanille. Du côté de la mer, c'est l'orage éternel de la houle qui déferle avec fougue.
> Albert T'Serstevens, *L'Or du Cristobal.*

Lagune

Du vénitien *laguna,* du latin *lacuna,* « espace creux » (1574); sorte de lac séparé de la mer par un cordon littoral que coupe une passe. La distinction entre ce mot et le précédent n'est pas toujours faite clairement dans les textes, ni même dans les dictionnaires.

> Une buée flottait sur la lagune. Le vapeur qui fait le service de la gare arrivait avec son gros panache de fumée.
> Félicien Marceau, *L'Armistice à Venise.*

Marigot

Mot des Antilles, probablement caraïbe (1654); bras de cours d'eau fondant à l'intérieur des terres, plus ou moins marécageux.

> Une clairière au bord d'un marigot dans lequel trois éléphants s'ébrouent en s'aspergeant mutuellement.
> Georges Perec, *La Vie mode d'emploi.*

Tsunami

Mot japonais, « vague d'orage » (1915); onde marine superficielle consécutive à un mouvement tellurique important (séisme ou éruption sous-marine) et qui se déplace à la vitesse de 800 km/h environ. Ce phénomène, qui constitue un danger fréquent dans un pays comme le Japon, est la *cause* du raz-de-marée : il ne doit pas être confondu avec lui.

つなみです！ *

* C'EST UN TSUNAMI

Les vents

Alizé (adj. ou nom)

De l'ancien provençal *lis*, « lisse, doux » (1643); vent régulier soufflant en direction de l'Équateur, et correspondant en général à un temps beau et sec. Dans l'intérieur de l'Afrique, l'alizé continental, soufflant de l'Est, est appelé *harmattan* (1765).

> C'est un grand vide de mer à traverser, dans ce Pacifique constellé partout ailleurs d'îles innombrables. Route monotone vallonnée par l'alisé (*sic*) qui pousse devant lui les flots toujours égaux.
>
> Albert T'Serstevens, *L'Or du Cristobal.*

Blizzard

Mot américain (1888); vent très froid, soufflant au Canada et sur le Nord des États-Unis, souvent accompagné de tempête de neige.

> Le temps est beau et froid, mais des traînées laiteuses annoncent, présagent un blizzard pour le soir.
>
> Frison-Roche, *Peuples chasseurs de l'Arctique.*

Chinook (prononcer « tchinouk »)

Mot amérindien, par l'anglo-américain (1925); vent sec et chaud qui souffle à partir des Rocheuses.

> Une chaleur desséchante s'installe dans mes poumons : un vent pire que le chinook quand y dévale les Rocheuses sur les plaines du Dakota.
>
> Jean Vautrin, *Bloody Mary.*

Harmattan : voir **Alizé**

Ouragan

De l'arawak *huracan,* par l'espagnol (1609); très violente tempête (la vitesse du vent dépasse 120 km/h).

> Nous restons figés sur la varangue, et je sens la nausée dans ma gorge, parce que je comprends que l'ouragan n'est pas fini. Nous étions dans l'œil du cyclone, là où tout est calme et silencieux. Maintenant j'entends le vent qui vient de la mer, qui vient du Sud, et de plus en plus fort le corps du grand animal furieux qui brise tout sur son passage.
>
> J-M-G. Le Clézio, *Le Chercheur d'or.*

Typhon

Origine discutée : du grec *tuphôn,* « tourbillon de vent », ou chinois *ta,* « grand » + *fong,* « vent », par l'anglais (1531); cyclone tropical qui sévit dans l'Ouest du Pacifique et en Mer de Chine.

Et aussi...

Hurricane

De l'espagnol *hurican,* par l'anglais (1955); nom donné, aux Antilles, au cyclone tropical. Voir *ouragan,* ci-dessus.

Maraámu

Mot tahitien, Vent du Sud-Est, alizé, sec et relativement froid, soufflant pendant la belle saison (1907).

> La pirogue aussitôt tangua sous les premières poussées de la houle, et le souffle du maraámu – le vent inlassable qui pousse vers le soleil tombant – gonfla brusquement la natte pendue au mât dans son cadre de bambou.
>
> Victor Segalen, *Les Immémoriaux.*

Les indigènes opposent ce vent au *toerau,* vent d'hiver, qui vient du Nord-Ouest et amène la pluie.

Les végétaux

Les arbres forestiers

Acajou

Abréviation de *acajoucantin;* du tupi *acaiou,* « anacardier » ou « acajou à pommes » (1558) (voir **cajou**).
Ce que nous appelons « acajou » n'est pas l' « acajou à pommes ». Il y a eu confusion sur le nom. « Notre » acajou, qui fournit un beau bois rougeâtre, est en fait l'*acaiacatinga,* souvent appelé aussi, aux Antilles et à Cuba, **mahogany.**

> Un immense mahogany – acajou – dont le tronc, à dix pieds du sol, mesurait quarante pieds et dont tout l'intérieur était creux jusqu'aux deux-tiers de sa hauteur.
> Gustave Aimard, *Michel Belhumeur.*

Tandis que l'acajou américain est également baptisé *swietenia,* les nombreuses espèces africaines qui se rapprochent de l'acajou sont du genre **khaya,** au bois généralement plus clair.

Araucaria

De *Arauco,* nom d'une province au sud du Chili (1806); conifère de grande taille, répandu dans le monde entier. Les variétés américaines fournissent un bois, le **parana pine.** Ses graines sont comestibles. En Nouvelle-Calédonie, c'est l'arbre que les voyageurs ont appelé *pin colonnaire* et qui donne un bois utilisé en ébénisterie.

> L'aube était blême encore lorsque Robinson descendit de l'araucaria.
> Michel Tournier, *Vendredi ou les limbes du Pacifique.*

Bambou

Langue de l'Inde, ou malais *bambu,* par le portugais (1598); le bambou le plus élevé, celui de Java, atteint 45 mètres de hauteur.

> A travers un petit bois de bambous, on entend une eau qui bruit comme des pendeloques de jade.
>
> Raymond Jean, *Le Village.*

Acclimatés dans le midi de la France, ces arbres constituent parfois un vaste espace boisé, comme à Anduze (Gard). Leur tige a de nombreuses utilisations pratiques : meubles, boîtes, instruments de musique...

> Chacun tira des plis de son maro le bambou dans lequel on promène les petits dieux domestiques, pour les honorer, parfois, de prières.
>
> Victor Segalen, *Les Immémoriaux.*

On prépare les parties tendres, dans la cuisine chinoise, sous le nom de *pousses de bambou.* Quant au fameux et démodé *coup de bambou,* qui désigne une insolation ou une fatigue extrême et subite, c'est une image héritée du colonialisme de la Troisième République...

> Ça l'avait pris comme un coup de bambou, comme une attaque. Il croyait sentir qu'une maîtresse cheville s'était rompue quelque part dans les régions mystérieuses de son être.
>
> Jacques Perret, *Histoires sous le vent.*

Rappelons enfin l'immense succès à la « Belle Époque », de la chanson nettement raciste *A la Cabane Bambou,* composée par le chansonnier montmartrois Paul Marinier et interprétée par le célèbre Mayol, à la Scala du Boulevard de Strasbourg.

L'AVANTAGE DU CARYOTA C'EST QUE QUAND iL PLEUT, LUI, iL MOUSSE!

Calambar

Du malais *kalembaq,* par le portugais (orthographe variable) (1588); c'est peut-être le *bois d'aigle* (*aquilaria,* ou
gaharu en indonésien), mais pas le *bois d'aloès,* qui n'est
qu'une herbacée :

> Vous allez partir de Madrid tout à l'heure,
> Pour porter cette boîte en bois de calembour
> A mon père, Monsieur l'électeur de Neubourg.
> <div align="right">Victor Hugo, <i>Ruy Blas.</i></div>

Aucun rapport, malgré les apparences (et les nécessités
de la rime ?) avec le jeu de mots appelé *calembour,* dont
on ignore l'origine. Autrefois, une poudre obtenue à
partir de ce bois servait pour sécher l'encre des lettres.

Caryota

Du grec *karyon,* « noix, noyau » (20e siècle); palmier
élancé d'Asie tropicale, proche de l'aréquier (voir ce mot,
p. 59). Il fournit un crin végétal, un vin de palme et, en
Inde, une moelle blanche utilisée comme savon par les
Indiens.

Ébène

Du grec *ebenos* (12ᵉ siècle); l'arbre en question est nommé tantôt *ébène*, tantôt **ébénier.** Il fournit un bois noir foncé, uni, très dur; une espèce brun sombre veinée de noir porte le nom de **Macassar,** chef-lieu de l'île des Célèbes.

> Autour de moi sont les ébènes au tronc lisse, les térébinthes, les colophanes.
>
> J.-M.-G. Le Clézio, *Le Chercheur d'or.*

L'ébène est souvent pris comme symbole du noir « absolu ». L'expression *bois d'ébène,* de caractère raciste, date du milieu du 19ᵉ siècle et était employée par les trafiquants d'esclaves pour désigner péjorativement leur « fret ».

Filao

Mot créole de la région caraïbe (20ᵉ siècle); arbre des zones tropicales et d'Océanie qui fixe remarquablement les dunes et fournit un bois fin et dur utilisé pour le placage, le tournage, etc.

> Une belle route abritée par le feuillage sombre et gracile des filaos.
>
> Georges Balandier, *Afrique ambiguë.*

Hickory

De l'algonquin *pohickery,* par l'anglais (1893); donne un bois très dur avec lequel on fabrique des manches d'outils, des bois de chaise, etc. On l'appelle parfois **noyer blanc d'Amérique.**

> Des skis d'hickory ayant depuis longtemps perdu toute leur élasticité.
>
> Georges Perec, *La Vie mode d'emploi.*

Jacaranda

Mot guarani, par le portugais (1765); arbre à feuilles très découpées, comme le mimosa, et à fleurs bleues ou violettes; il donne un bois très dur, confondu parfois, à tort, avec le **palissandre** (voir p. 44).

> Un jacaranda au feuillage tuyauté et godronné comme s'il sortait des mains d'une repasseuse, offre ses fleurs d'un bleu un peu violet.
>
> Abel Bonnard, *Océan et Brésil.*

Latanier

Du caraïbe *alatani* (1645); magnifique palmier des îles Mascareignes.

> Dans ces singulières maisons hindoues, on entre de plain pied, la boutique ou la pièce prolongeant le trottoir, avec juste un écran en feuilles de latanier pour arrêter le soleil.
> Roland Dorgelès, *Partir.*

Mahogany : voir Acajou

Négundo ou Négondo

Du malais *ningud,* par le portugais; arbre d'Asie et d'Amérique du Nord, appelé également **érable à feuilles de frêne.** Son bois à grain fin est utilisé en marqueterie. On le cultive aussi comme arbre ornemental.

Okoumé

Mot gabonais (20e siècle); bois léger et de teinte rosée, qui sert à faire du contreplaqué.

> « Montre-moi un okoumé. » Elle chercha, finit par lui désigner un arbre. « C'est ça ? Et ça vaut si cher ? – C'est le seul bois qui convienne pour le contreplaqué. On le déroule à la machine. »
> Georges Simenon, *Le Coup de lune.*

Palétuvier

Altération du tupi *aparahiwa,* de *apara,* « courbé » et *iba,* « arbre » (1722); on trouve de grandes concentrations de ce végétal pittoresque localement très utile dans les forêts appelés par les Anglais *mangroves...* et dans la littérature exotique.

> Des berges vaseuses où des palétuviers formaient une longue ligne vert sombre d'une égalité monotone; leurs racines jaillissaient hors de l'eau, chargées de grappes d'huîtres monstrueuses.
> Sembène Ousmane, *Ô Pays, mon beau peuple.*

Palissandre

Parler indigène de la Guyane, par le hollandais (1718); bois d'ébénisterie précieux, d'un violet nuancé de jaune (ne pas confondre avec *jacaranda,* voir p. 42).

> Entre ces boiseries, il a installé de hauts meubles en palissandre noir incrustés de cuivre.
>
> Georges Perec, *La Vie mode d'emploi.*

Pitchpin

De l'anglais *pitch,* « résine », et *pine,* « pin »; pin d'Amérique du Nord, de couleur rouge brun, employé en menuiserie.

Purau

Mot tahitien (1860) : arbre très commun à Tahiti, dont on utilise le bois pour la construction des cases. On le confond parfois avec le **miro,** qui fournit le bois de rose.

> Tout à l'extrémité de la ville de Papeete, trois individus de ce genre étaient assis sur la plage, sous un purau.
>
> R.-L. Stevenson, *Le Reflux.*

Ronier ou Rondier

Du mot *rond*, à cause de la forme des feuilles en éventail (1808); nom usuel d'un palmier qui croît en Inde, aux Moluques et dans une partie de l'Afrique. Il fournit une boisson épaisse et sucrée, le vin de palme. Le bois de certaines espèces, dur et noir, sert à fabriquer des instruments de musique. On l'appelle aussi *borasse.*

> Puis ils arrivèrent sur un terrain parsemé de roniers semblables à des barreaux. Un étranger se serait cru prisonnier. Les longs fûts s'élevaient comme des colonnades à l'extrémité desquelles s'éventaient de grandes feuilles.
> Sembène Ousmane, *Ô Pays, mon beau peuple.*

Rotin

Dérivé de *rotang'* mot malais (voir p. 46), par le hollandais (1888); tige du *rotang* – palmier d'Inde ou de Malaisie – utilisée à diverses fins (cannes, meubles...). Le rotin de Malacca, de grosse section, est un des plus appréciés.

> Le Malais arpentait la pièce sans rien dire, les mains derrière le dos, il tourmentait entre ses doigts une badine de rotin.
> Raymond Jean, *Le Village.*

Séquoia

Du nom du chef amérindien *See-Quayah* (1872); cet arbre quasi mythique peut atteindre une centaine de mètres de haut et un âge de vingt siècles!

> « Vois donc comme c'est étrange, un séquoia sous cette latitude! » Ils s'approchèrent. C'était bien un de ces cèdres admirables qui affectionnent la Californie, où ils atteignent d'invraisemblables proportions et s'élèvent jusqu'à des niveaux de cent mètres.
> Pierre Maël, *Robinson et Robinsonne.*

Tallipot

De l'hindi *talpat*, par l'anglais (1683); palmier de l'Inde et de Sri Lanka, appelé aussi *palmier parasol,* à cause de ses vastes feuilles en éventail.

Une seule feuille de taliput, professe le colonel, sert ici de tente au pèlerin, d'ombrelle et de waterproof au prêtre, de manuscrit au scribe, et servait naguère de dais au roi. Voyez cette feuille. Elle mesure huit mètres. Et à elle seule elle assume l'honneur d'abriter un état-major anglais.

Francis de Croisset, *La Féerie cinghalaise.*

Teck

De *tekku,* mot de Malabar, par le portugais (1772); arbre au bois brunâtre et très dense, utilisé en menuiserie et dans la construction navale.

La zone des forêts où poussent le chêne, le pin, où l'on peut découvrir encore quelques troncs gris de teck aux longues feuilles semblables à celles du tabac.

Pierre Boulle, *Les Vertus de l'enfer.*

Et aussi...

Bagasse ou Bagassier

De *bagasse,* mot indigène (1846); arbre de Guyane, au bois brun, à gros grain, utilisé pour la charpente, les constructions navales, l'ébénisterie. Son fruit est comestible.

Gri-Gri

Mot indigène 20e siècle; arbre des Guyanes, au bois gris-rouge, dur et lourd, employé pour fabriquer des ponts et des traverses de chemin de fer. Aucun rapport apparent avec l'autre mot **gris-gris** (voir p. 266).

Pipal

Mot hindi (20e siècle); gigantesque figuier tropical, particulièrement célèbre en Inde. Selon la tradition, c'est en effet sous l'un de ces arbres que Bouddha aurait connu l'Illumination (d'où son autre nom d'**arbre de Bodhi,** voir **bodhisattva,** p. 263 et **Bouddha,** p. 264).

Rotang

Mot malais (1665); palmier dont on fait des cannes et dont les fibres ont diverses utilisations, notamment en ameublement.

Les fruits
et leurs plantes

Ananas

Du tupi-guarani *nana,* par l'espagnol (16ᵉ siècle); arbuste découvert en 1493 par Christophe Colomb et dont le délicieux fruit écailleux est devenu très populaire dans de nombreux pays, y compris « non tropicaux ».

> En errant sur le sommet de la montagne, il découvrit une espèce d'ananas sauvage, plus petit et moins sucré que ceux de Californie, qu'il découpa en cubes avec son couteau de poche et dont il dîna.
> Michel Tournier, *Vendredi ou les limbes du Pacifique.*

Artocarpe

Du grec *artos,* pain et *karpos,* « fruit » (1834); arbre lactescent d'Asie tropicale et d'Océanie, souvent appelé **arbre à pain,** car ses fruits, consommés cuits, ont un goût qui se rapproche du pain.

> Je veux parler de l'arbre à pain, très abondant dans l'île Gueboroar, et j'y remarquai principalement cette variété dépourvue de graines, qui porte en malais le nom de « Rima ». Cet arbre se distinguait des autres arbres par un tronc droit et haut de quarante pieds. Sa cime, gracieusement arrondie et formée de grandes feuilles multilobées, désignait suffisamment aux yeux d'un naturaliste cet artocarpus qui a été très heureusement naturalisé aux îles Mascareignes. De sa masse de verdure se détachaient de gros fruits globuleux, larges d'un décimètre, et pourvus extérieurement de rugosités qui prenaient une disposition hexagonale. Utile végétal dont la nature a gratifié les régions auxquelles le blé manque, et qui, sans exiger aucune culture, donne des fruits pendant huit mois de l'année.
> Jules Verne, *Vingt mille lieues sous les mers.*

Avocat

Du nahuatl *aucatl* ou du caraïbe *avoka*, par l'espagnol
avogado (1716); sorte de laurier cultivable en pot. Son
fruit, en forme de poire à peau très grenue, est savoureux
et riche en vitamines C et E. Aucun rapport étymologique avec la profession libérale de l'avoué-avocat.

> Deux pirogues indigènes avaient accosté à l'arrière. L'une
> était pleine de poissons multicolores, et dans l'autre s'en-
> tassaient de gros fruits verts, des mangues et des avocats.
> Georges Simenon, *45° à l'ombre.*

Badamier

De l'hindi *badam*, « amande » (20ᵉ siècle); nom donné au Terminalia dans les îles Mascareignes.

> Je regarde [...] le sable mêlé d'arbustes épineux, les bois sombres des filaos, l'ombre des veloutiers, des badamiers, et devant nous le rocher brûlé du morne.
>
> J-M-G. Le Clézio, *Le Chercheur d'or.*

Banane

Langue guinéenne (bantoue) par l'espagnol ou le portugais *banana* (1602); le ***régime*** qui groupe les fruits du bananier est un mot antillais qui, par son évolution phonétique, est devenu un homonyme parfait du terme auquel on accole souvent les adjectifs *politique, alimentaire* etc.

> Ils longèrent une colonie de bananiers sauvages éclaboussés du violet de leurs fleurs en grappes.
>
> Jean Hougron, *Soleil au ventre.*

La banane porte des noms « exotiques » assez variés :

> De même Sinuya, mot qu'Appenzzell rapprocha des mots malais *usi*, la banane, et *nuya*, la noix de coco, signifiait manger, repas, soupe...
>
> Georges Perec, *La Vie mode d'emploi.*

Edouard Glissant, dans l'appendice à *La Case du commandeur*, nous signale les ***makandjia***, « variété de bananes, une des meilleures. Aujourd'hui rare. » Autre orthographe possible : ***makanga.***

> Jérémie tirait leur nourriture des bois environnants, pourpier, cochléarias, bananes rouges makanga.
>
> Simone Schwarz-Bart,
> *Pluie et vent sur Télumée Miracle.*

Voir également ci-dessous, à *feï.*

Feï

Mot canaque (1860) : sorte de bananier géant, qui forme de véritables forêts et pousse en abondance en Polynésie.

Son fruit, gros et rouge, sert de base à l'alimentation des Tahitiens, qui coupent hebdomadairement d'énormes régimes. Il se mange cuit.

> Cinq Canaques, formant tout l'équipage, étaient accroupis autour d'une soupière de feis et buvaient du café dans des gobelets de fer-blanc.
>
> R-L. Stevenson, *Le Reflux.*

Gombo

Du bantou *n'gombo* (Angola), par l'américain (1764); plante basse, malvacée dont les fruits allongés sont consommés bouillis ou crus, les feuilles mangées en épinards, les graines comestibles. Il peut pousser dans le Midi de la France; on l'appelle aussi **okra**.

> Quand je me marierai, ma case ne sera plus un champ sans igname; gombos, pois boucoussous, tout y poussera.
>
> Simone Schwarz-Bart,
> *Pluie et vent sur Télumée Miracle.*

Goyave

De l'arawak de Saint-Domingue *guyaba* (1601); fruit rafraîchissant et sucré du goyavier, avec lequel on fait toutes sortes de desserts et de friandises.

> On n'entendait que de légers bruits d'eau, des chants discrets d'insectes, ou de temps en temps la chute d'une goyave trop mûre, qui s'écrasait sur la terre avec un parfum de framboise.
>
> Pierre Loti, *Le Mariage de Loti.*

Icaque

Du taïno *hicaco* (Haïti) (1658); fruit de l'icaquier, voisin du prunier, appelé aussi **prune des anses** ou **prune de coton**; drupe comestible et pulpeuse. L'écorce fournit du tanin et l'amande (également comestible), une huile utilisée en pharmacie.

> La pulpe juteuse de certaines icaques violettes, si bonnes à déchirer entre les dents.
>
> Simone Schwarz-Bart,
> *Pluie et vent sur Télumée Miracle.*

Ja(c)quier

Du tamoul *tsjaka,* par le portugais *jaca* (1611); arbre fruitier lactescent, très voisin de l'**artocarpe** (voir ce mot) et dont les fruits peuvent atteindre 30 kilos.

> Les arbres qui restent sont brûlés par le soleil. Il n'y a plus les néfliers, les manguiers, les jacquiers.
>
> J-M-G. Le Clézio, *Le Chercheur d'or.*

Jambosier ou Jamerosier

Du malais *jambu* (pr. *djambou*), par le portugais (1602); arbre à grosses baies rouges comestibles, appelées **jamboses** ou **pommes de rose** (à cause de leur parfum).

> Elle s'éloigne au milieu de la grande allée, entre les jameroses.
>
> J-M-G. Le Clézio, *Le Chercheur d'or.*

Kaki

Mot japonais (1873); arbre (environ 15 mètres) d'Extrême-Orient, dont les fruits juteux et sucrés, rouges ou jaune orangé, ressemblent à de petites tomates.

Kiwi : voir p. 134.

Kumquat

Du cantonais *kin kü,* « orange dorée », par l'anglais (1891); sorte de petit oranger asiatique, du genre fortunella, dont le zest est comestible.

> J'avalerai des kumquats entiers, cœur et peau, doux-amers.
>
> Anne Hébert, *les Fous de Bassan.*

Lime

Féminin du provençal *limo* (1555); variété de citron au jus amer. Voir la citation de Simenon à **daiquiri,** p. 160.

Litchi ou **Letchi**

Du chinois *li chi* (1790); arbre à bois résistant donnant des fruits oblongs, aqueux, un peu fades. On distingue le **litchi longanier** ou ***longan(e)***, du chinois *long yen*, aux fruits jaunes ou pourpres et le **litchi ramboutan**, du malais *rambutan*, dit encore **chevelu**, moins apprécié en général. C'est un dessert traditionnel dans les restaurants orientaux.

> Que de fois (...) n'y ai-je point paru, pour jeter avec bénignité aux singes au-dessous de moi juchés sur les branches extrêmes des poignées de letchis secs tels que des grelots rouges!
>
> Paul Claudel, *Connaissance de l'Est.*

Mangle

Du malais, par l'espagnol (1555); le manglier est une des espèces fruitières du palétuvier (voir p. 43).

> Nous sommes dans un lac absolument calme, entouré de forêts poussées au ras de l'eau; ce sont les mangliers ou palétuviers blancs, au feuillage d'un vert poudreux comme celui des oliviers.
>
> Henri de Monfreid, *Les Secrets de la mer Rouge.*

Mangoustan

Du malais *mangustan* (1598); fruit du mangoustanier, sorte de grosse orange à peau épaisse, de couleur lie de vin, originaire de Malacca et qui a le goût du chasselas, de la pêche et de la framboise à la fois!

> Ces succulents mangoustans, qu'on gobe ainsi que des oursins.
>
> Roland Dorgelès, *Partir.*

Mangue

Origine incertaine, sans doute de l'indonésien *manga* par le portugais (1540); le nom, originaire de Malabar, désigne un fruit de couleur et de forme assez variable selon les espèces. Sa pulpe entre dans la composition du condiment anglais appelé **chutney**.

Je reviens m'asseoir à l'ombre vite rétrécie du mur, sous un manguier desséché dont les fruits pendent au bout d'un pédoncule mort, et qui tombent un à un, rebondissent sur le sol durci.

Georges Bernanos, *Les Enfants humiliés.*

Maracudja ou Maracunja

Mot indien du Brésil, par le portugais (vers 1975); nom donné au fruit de la passiflore, légèrement acide, plus connu sous le nom de *fruit de la passion.*

Néré

Mot mandingue (20e siècle); arbre d'Afrique noire dont le fruit est comestible, mais sert généralement à faire du condiment, l'espèce de moutarde appelée *soumbala.*

Toute la journée nous courions ainsi à la recherche des rats, des baies, des fruits de karité et de néré, une nourriture certes pas très abondante mais qui savait remplir avec bonheur nos estomacs toujours exigeants.

Antoine Bangui, *Les Ombres de Kôh.*

Nono

Mot tahitien (1860); arbre (de la famille des Rubiacées) répandu, à fruit mou, sans noyau, qui servait jadis de projectile (lancé par une fronde) ou était jeté par un garçon à une fille, à titre de provocation amoureuse... La racine de cette plante fournit une teinture jaune. L'huile (de) nono a une autre origine (peu claire).

Les peuplades foraines venues des îles sœurs, et que l'attrait des belles fêtes attire et englue comme l'huile nono les mouches de marais.

Victor Segalen, *Les Immémoriaux.*

Pamplemousse

Du néerlandais *pompelmoes,* de *pompel,* « gros » et de *limous,* « citron » (18e siècle; cf. *lime,* ci-dessus); le pamplemoussier est un très bel arbre à fleurs blanches en grappe. A l'origine, son fruit était immangeable; c'est par hybridation que les Américains en ont fait le **pomelo** ou **grape-fruit**, très apprécié aujourd'hui en Europe, mais rare jusqu'à la Seconde Guerre mondiale.

> La petite fille désigna du geste une corbeille d'énormes pamplemousses, posée à l'abri d'un arbre à pain. – Ah! Je vois. Elle nous offre des pomelos. Ce ne serait pas une mauvaise idée.
>
> Emmanuelle Arsan, *Emmanuelle.*

Papaye

Du caraïbe (1579); gros melon, fruit du papayer, plante assez grande, qui produit un latex contenant un ferment digestif, la **papaïne;** quant au fruit, il renferme des graines âcres, mais une chair parfumée, qui peut être mangée en hors-d'œuvre, en légume ou en dessert.

> La petite brousse autour du village où mûrissent papayes et goyaves, succulents projectiles de nos ébats.
>
> Ferdinand Oyono, *Chemin d'Europe.*

Plaquemine

De l'algonquin *piakimin* (1720); synonyme canadien de **kaki** (voir p. 51).

Ravenala

Du malgache *ravina ala,* « la feuille de la forêt » (1846); nom d'un arbre proche du bananier. A Madagascar, il est appelé **arbre du voyageur,** car non seulement il produit des fruits comestibles, mais ses feuilles retiennent de l'eau, comme celles de certaines cactées.

Les baies
et graines comestibles

Atoca

Mot amérindien (1632); au Canada, nom de l'*airelle canneberge*. On rencontre aussi la forme *ataca.*

Bancoulier

De *Bengkulu,* ville de Sumatra (1808); grand arbre des îles de la Sonde, de l'Inde et de la Chine méridionale, dont le fruit, *bancoul* ou *noix de bancoul,* produit une huile abondante.

Cacahuète ou Cacahouète

Du nahuatl *tlacacahuatl,* « cacao de terre » (voir le mot suivant), par l'espagnol (1801); fruit de l'*arachide* (du grec *arakhidna,* « gesse») : plante originaire de l'Amérique du Sud, diffusée, semble-t-il, par les Espagnols de Magellan à partir de 1520 dans le monde entier, au niveau des Tropiques. La cacahuète, riche en huile et en protéines, donne du fourrage, du beurre, de l'huile; elle est utilisée dans maintes pâtisserie et consommée souvent aux États-Unis ou en Europe, grillée et salée.

> Dans un coin de la salle, des jeunes femmes autour d'une table composent un groupe bruyant; elles boivent de la bière et croquent des cacahuètes grillées.
> Georges Balandier, *Afrique ambiguë.*

Cacao

Du nahuatl *cacahuatl,* par l'espagnol (1569); graine du *cacaoyer* ou *cacaotier,* avec laquelle on fabrique le *chocolat* (ce mot ayant la même origine aztèque, voir p. 153). L'arbre a de 4 à 10 mètres de hauteur et ses graines, ou fèves, sont contenues dans le fruit appelé *cabosse.*

> Les amandes de cacao forment des tas croulants qui brunissent au soleil.
> Albert T'Serstevens, *L'Or du Cristobal.*

Cajou

Du tupi *caju* (1765); fruit de l'*anacardier*, appelé **noix de cajou** ou **anacarde** (voir à *acajou*, p. 39). En France, la noix de cajou est appréciée surtout comme aliment « apéritif » salé.

Coco

Du portugais, par l'italien (1525); ce mot *coco* signifiait « croquemitaine »; or la noix de coco ressemble plus ou moins à une tête humaine stylisée.

> Tous étaient chargés de cocos qu'ils portaient par la chevelure, comme des têtes d'ennemis vaincus.
> Albert T'Serstevens, *L'Or du Cristobal.*

On disait autrefois *un coco* et on le dit encore en Afrique; aujourd'hui, on parle plutôt de **noix de coco**, de **lait**, de **beurre**, d'**huile de coco**...

> Agenouillé devant la porte, le patron chinois décapait, de son coupe-coupe, l'écorce verte d'une noix de coco.
> Jean Hougron, *Soleil au ventre.*

> Un commis costumé de mi-blanc se faisait servir un sorbet au coco par une marchande.
> Édouard Glissant, *La Case du commandeur.*

Le nom de l'arbre, **cocotier**, est également très répandu.

> Il aperçut un cocotier, abattit quelques-uns de ses fruits, les brisa, et nous bûmes leur lait, nous mangeâmes leur amande, avec une satisfaction qui protestait contre l'ordinaire du « Nautilus ».
> Jules Verne, *Vingt mille lieues sous les mers.*

Le nom tahitien du cocotier est **haari**.

> Des manants tressaient les fibres du haari pour assembler la toiture.
> Victor Segalen, *Les Immémoriaux.*

Feijoa

D'un nom propre brésilien (20ᵉ siècle); arbuste d'Amérique du Sud (3 à 5 mètres de haut) qui donne une baie verte, pulpeuse et parfumée, riche en pectine et en iode. On le cultive aussi en Nouvelle-Zélande, en Californie, en Afrique du Nord et même dans le Midi de la France. Ne pas confondre avec *feijão* (voir p. 154).

Karité

Mot ouolof, d'Afrique tropicale (1868); désigne l'*arbre à beurre*, dont le fruit contient une amande d'où l'on extrait une substance oléagineuse proche du beurre de cacao.

> Nous recherchions alors les noix de karité, à la pulpe juteuse et sucrée.
>
> Antoine Bangui, *Les Ombres de Kôh*.

Pacanier

De *pacane*, mot algonquin (1775); grand arbre du Sud-Est des États-Unis, appelé aussi *noyer d'Amérique*. Il donne des noix ovales, les **pacanes** ou **noix de pécan**, dont l'amande est consommée crue, séchée ou en confiserie; pressée, elle fournit le **beurre de souari**.

Sapote

De l'aztèque *tzapotl*, par l'espagnol (1666); nom donné à des fruits pulpeux et comestibles provenant de diverses espèces d'Amérique centrale et du Mexique. La **sapote**, ou **sapotille**, proche du **mamey**, est une sorte de grosse prune très sucrée, comprenant une graine en guise de noyau et se mangeant blette. On en fait également de la confiture, du sirop, etc.

> Les vieux coupeurs au repos sous les sapotilles riaient en prêchant.
>
> Édouard Glissant, *La Case du commandeur*.

> Du vermouth avec les hommes et de la crème de sapote pour le sexe faible, le tout servi sur un plateau à napperon brodé.
>
> Simone Schwarz-Bart,
> *Pluie et vent sur Télumée Miracle*.

Appartenant à la même famille que le *karité* africain (voir p. 57), la sapote produit un latex qui entre dans la composition du chewing-gum : le nom de ce latex est **chicle** (de l'aztèque *chictli*).

Les Cactacées

Nopal

De l'aztèque *nopalli* (1587); les nopals ou **opuntias**, dont il existe de très nombreuses espèces (Amérique centrale, Mexique et Amérique du Sud) sont appelés couramment **figuiers de Barbarie**. Outre le fruit, connu et apprécié pour sa riche saveur, le nopal produit de l'alcool et on l'utilise pour l'élevage de la cochenille.

> Au milieu d'un fourré de cactus, de nopals et d'aloès, une jeune femme dormait nonchalamment étendue dans un hamac de fils de phormium tenax suspendu entre deux orangers.
>
> Gustave Aimard, *Le Chercheur de pistes.*

Peyotl

Mot nahuatl (1926); petite plante mexicaine qui renferme un alcaloïde, la **mescaline** (voir p. 172).

Plantes aromatiques et toniques

Aréquier

De l'indonésien *arek*, par le portugais *areca* (1521); ce palmier fournit la **noix d'arec**, avec laquelle on fabrique le cachou (voir p. 73). La graine entre dans la composition du **bétel** (voir p. 60). Le bourgeon terminal de l'arbre est consommé sous le nom de **chou palmiste** ou **cœur de palmier**.

> Le bourrelet herbeux des dunettes entre les champs et l'envol vert des aréquiers et de cocotiers minces.
>
> Jean Hougron, *Soleil au ventre.*

Bétel

De l'hindi *vettila,* par le portugais (1690); poivrier asiatique dont la feuille est utilisée pour envelopper une préparation masticatoire à base de noix d'arec saupoudrée de chaux éteinte et de diverses épices. Cette « chique » colore la salive en rouge, active la sécrétion et permet de lutter contre le paludisme et la dysenterie.

> Le chauffeur de car avec qui je riais, les vieilles chiqueuses de bétel des places arrière...
>
> Marguerite Duras, *L'Amant.*

Gingembre

Mot oriental transmis par le grec *zingiberi* (13e siècle); plante d'un mètre de haut environ, à port de roseau, dont le rhizome, aux formes souvent bizarres, a été utilisé au Moyen Age comme épice. Aujourd'hui, il entre dans certaines sauces, des condiments, des pâtisseries, etc. On en fait également des confitures et des pâtes de fruits.

> Les convives étaient nombreux, et deux Chinois avaient été enrôlés pour la circonstance, gens habiles à composer des pâtisseries fines, au gingembre.
>
> Pierre Loti, *Le Mariage de Loti.*

Ginseng

Du chinois *ren shen,* « plante homme », ainsi nommé à cause de ses formes tourmentées (1663); cette racine a des propriétés toniques (vitamines B1 et B2) et aphrodisiaques, selon les Chinois, qui l'apprécient beaucoup.

> La racine du jènseng est pivotante, fusiforme et très raboteuse; rarement elle atteint la grosseur de petit doigt; et sa longueur varie de deux à trois pouces. Quand elle a subi la préparation convenable, elle est d'un blanc transparent, quelquefois légèrement coloré de rouge ou de jaune. Rien ne nous a paru mieux ressembler à cette racine, que les rameaux de stalactites. Les Chinois disent des merveilles du jènseng; quoiqu'il y ait beaucoup à rabattre sur les étonnantes propriétés qu'on lui attribue, on ne peut s'empêcher d'avouer que c'est un tonique qui agit avec succès sur l'organisation des Chinois. Les vieillards et les personnes faibles s'en servent, pour combattre leur état d'atonie et de prostration.
>
> Régis-Évariste Huc,
> *Souvenirs d'un voyage dans la Tartarie.*

Kawa ou Kava

Du polynésien *kava,* par le portugais (1860); variété de poivrier dont les racines fournissent une boisson stimulante (non alcoolisée).

> Vite, on ménageait des places rondes où préparer la boisson rassurante, le ava de paix et de joie – que les Nuu-hiviens, dans leur rude langage, appellent kava.
> Victor Ségalen, *Les Immémoriaux.*

L'abus de cette boisson provoque chez les Tahitiens de graves maladies de peau (ulcères).

Kola ou Cola

Mot soudanais (1686); fruit d'un arbre guinéen de 10 à 15 mètres de haut, appelé *colatier* dont on tire un masticatoire tonique et stimulant, ainsi que divers « produits » : élixir, vin, liqueur de cola.

> Deux hommes se rencontrent; ils se saluent, s'étonnent avec joie, se donnent de menues nouvelles; l'un d'eux tire d'une poche une noix de cola rouge et la partage en gage d'amitié. Il met en évidence, par un geste de tous les jours, ce fruit, source de force et de gourmandise, qui anime les relations avec les hommes et avec les dieux, ce fruit qui a, depuis plusieurs siècles, fondé de lointains échanges et de fructueuses spéculations.
> Georges Balandier, *Afrique ambiguë.*

Maté

Mot quechua, par l'espagnol (1633); appelé aussi *houx du Paraguay*; petit arbre de 3 à 6 mètres de hauteur dont les feuilles sont utilisées pour obtenir une infusion excitante et stimulante, le *thé du Paraguay* ou *des Jésuites*.

> Le maté contient un alcaloïde analogue à ceux du café, du thé et du chocolat, mais dont le dosage (et la demi-verdeur du véhicule) explique peut-être la vertu apaisante en même temps que revigorante.
> Claude Lévi-Strauss, *Tristes Tropiques.*

Sassafras

Sasafras, mot indien d'Amérique du Sud, par l'espagnol (16e siècle); arbre voisin du laurier, aux racines aromatiques. L'écrivain René de Obaldia a intitulé l'une de ses plus célèbres pièces *Du vent dans les branches de sassafras,* « western de chambre » interprété, entre autres, par Michel Simon.

> Le filé est une poudre que l'on obtient à partir des feuilles les plus jeunes et les plus tendres du sassafras.
> Jeanne Castille, *Moi, Jeanne Castille de Louisiane.*

Tabac

De l'arawak d'Haïti *tsibatl,* par l'espagnol (1600); le mot portugais du Brésil, **petun,** a concurrencé *tabac* dans la langue française jusqu'à la fin du 18e siècle. On le rencontre encore chez Chateaubriand, et il existait un dérivé, le verbe **pétuner,** « fumer ».

> Les boîtes de quatre épices décorées d'images charmantes qui représentaient un matelot du Roi fumant sa longue pipe à pétun en présence d'une jeune négresse vêtue d'un jupon de plumes multicolores.
> Pierre Mac Orlan, *L'Ancre de miséricorde.*

> Un guerrier huron, remplaçant pour cette fois le achesto ou crieur public de la tribu, remplit le grand calumet-médecine qui jamais ne doit toucher la terre, le bourra avec le plus grand soin, avec du morrhiché ou tabac sacré, dont on ne se sert que dans les circonstances de la plus haute gravité.
>
> Gustave Aimard, *Michel Belhumeur.*

Le mot **tabagie,** curieusement, n'a pas de rapport étymologique avec **tabac,** mais provient de l'algonquin et signifie à l'origine « festin ». C'est au 18e siècle que la ressemblance de forme a produit un phénomène de rapprochement analogique.

Les céréales

Maïs

De l'arawak *mahis* (Haïti), par l'espagnol (1519); nourriture principale de l'Amérique précolombienne, aztèque et inca, cultivée dès 4000 ans av. J.-C. On l'a appelé autrefois en France *blé de Turquie* ou *turquet* : erreur « géographique » encore inexpliquée. Le maïs, dont on faisait en Franche-Comté une soupe; les *gaudes,* jusqu'au début du 20ᵉ siècle, sert surtout, aujourd'hui, à l'alimentation du bétail.

> Nous mangions des grains de maïs grillés sur une platine en poterie et buvions de la chicha de maïs – qui est une boisson intermédiaire entre la bière et la soupe.
> Claude Lévi-Strauss, *Tristes Tropiques.*

Voir *chicha de muco*, p. 159.

Mil

Du latin *milium* (1282); ce mot, après avoir désigné une plante européenne, a été étendu à de nombreuses céréales tropicales caractérisées par la finesse de leur grain. Il s'agit souvent de *millet* ou de *sorgho*, désignations plus exactes.

> Les biches, protégées par l'intransigeant service des Eaux et Forêts, pénétraient impunément dans les plantations pour se régaler sans vergogne des jeunes et tendres pousses de mil!
> Antoine Bangui, *Les Ombres de Kôh.*

Sorgho

De l'italien *sorgo* (1553); graminée tropicale répandue en Afrique, en Asie et aux États-Unis. On l'utilise comme fourrage; le *sorgho doura(h)* ou *gros mil* a des qualités alimentaires appréciées des Asiatiques et des Africains.

> Je suis saturé de sucre, n'ayant que des dattes à manger et rien pour cuire le pain de dourah.
> Henri de Monfreid, *Les Secrets de la Mer rouge.*

Les plantes potagères
(tubercules, fécules)

Balisier

Du caraïbe *balliri*, avec, peut-être, l'influence du mot de marin *balise* (1647); herbe tropicale du genre **héliconia**, comprenant une trentaine d'espèces, dont les unes fournissent une fécule alimentaire, les autres sont cultivées pour la beauté de leurs fleurs et de leurs feuillages.

> Elle se détacha nettement de toutes les jeunes filles, avec la grâce insolite du balisier rouge qui surgit en haute montagne.
> Simone Schwarz-Bart, *Pluie et vent sur Télumée Miracle.*

Igname

Mot bantou, par le portugais (1515); liane grimpante des régions tropicales, dont les tubercules allongés et volumineux (2 à 5 kg) donnent une fois cuits un aliment comparable à la pomme de terre; ou bien, après trempage et râpage, une fécule.

> Peu après, notre mère revint toute chargée de fagots, de tubercules de manioc doux, d'ignames et de noix de karité.
> Antoine Bangui, *Les Ombres de Kôh.*

Manioc

Du tupi *manihoca* (1614); plante vivrière aux racines comestibles, répandue du Brésil à l'Indonésie. Riche en amidon, elle fournit aussi le **tapioca** (voir p. 158).

> Ce qu'on lui donne [à l'esclave noir] de manioc, de bœuf salé, de morue, de fruits et de racines ne soutient qu'à peine sa misérable existence ».
> Guillaume Raynal,
> *Histoire philosophique et politique des Deux Indes.*

Patate

De l'arawak d'Haïti *batata*, peut-être par l'espagnol (fin du 16e siècle); convolvulacée d'Amérique et d'Asie, à tubercules comestibles. On la nomme généralement en

France **patate douce**. Les tubercules sont violets, rouges ou jaunes et contiennent beaucoup d'amidon et de sucre.

> Une grande production locale [en Louisiane] : les patates douces, de couleur jaune très foncé, presque rouge, que nous appelons les « yams ». On les fait cuire dans un four, telles quelles, ou si l'on songe à un dessert, avec du sirop ou du sucre.
>
> Jeanne Castille, *Moi, Jeanne Castille de Louisiane.*

Au Tchad, on nomme ce légume **bangaou** :

> Nein! rapporte-moi des arachides grillées et des bangaous!
>
> Antoine Bangui, *Les Ombres de Kôh.*

Tomate

Mot aztèque, par l'espagnol (1598); le légume et le mot se sont parfaitement, et depuis longtemps (milieu du 18e siècle), intégrés dans la « culture » méditerranéenne.

Topinambour

De *Topinambu,* nom d'une peuplade brésilienne (1680); ce légume peu recherché (du moins en France), voisin du navet, quoique plus fin de goût, est associé chez une partie des Français à l'austérité des restrictions subies entre 1940 et 1945. Ceci explique peut-être cela. On le rapproche, dans cette optique, du **rutabaga** (suédois *rotabaggar),* chou-rave dont la racine comestible n'est plus consommée aujourd'hui que par le bétail.

Plantes utiles
à l'industrie

Agar-agar

Mot malais (1866); substance mucilagineuse, colloïdale, extraite de diverses algues. Elle sert de milieu de culture en biologie, de gélifiant et d'émulsionnant dans les industries alimentaires et cosmétiques. Autrefois employé comme laxatif en pharmacie, l'agar-agar est utilisé aujourd'hui en dentisterie (synonyme **gélose**).

> Elles peuvent rester chaque fois deux minutes sous l'eau, récoltant diverses sortes d'algues, en particulier l'agar-agar.
>
> Georges Perec, *La Vie mode d'emploi.*

Campêche

Nom d'un port du Mexique (1603); arbre de la famille des césalpinées, donnant principalement une matière colorante rouge. On l'appelle aussi **bois d'Inde, bois bleu** ou **bois de campêche**. Il est souvent présenté sous forme pulvérulente. L'extrait de campêche vendu dans le commerce ressemble à de la poix.

> Loin en bas moutonnent vert pâle les goyaves, frissonnent dru les campêches dont les piquants courent l'espace.
>
> Édouard Glissant, *La Case du commandeur.*

Caoutchouc

Langue indigène de l'Équateur ou du Pérou, peut-être par l'espagnol *caucho* (1736); désigne soit le produit élastique de l'*hévéa* (forme latinisée du quechua *hyeve*, « arbre à caoutchouc », 1751), soit le *ficus elastica*, plante ornementale d'Asie à larges feuilles vernissées.

> Depuis un an, cette usine reçoit chaque mois une cargaison importante de balles de caoutchouc, en provenance d'une plantation située dans le nord de la Malaisie, pas très loin de Penang.
>
> Pierre Boulle, *Les Vertus de l'enfer.*

Les premiers jours, ils croisèrent quelques récolteurs de
gomme d'hévéa, quelques transporteurs de bois précieux
conduisant au fil de l'eau d'immenses troncs d'arbres.
Georges Perec, *La Vie mode d'emploi.*

Au Brésil, les arbres à latex sont appelés localement
seringa et **caucha**; d'où le dérivé **seringueiro,** qui désigne
le récolteur de caoutchouc.

Copal

De l'aztèque *copalli,* par l'espagnol (1588); nom générique donné à de nombreuses variétés d'arbres tropicaux,
surtout américains (voir **courbaril,** p. 68) et africains; ce
sont des papilionacées qui fournissent des produits résineux entrant dans la composition des vernis.

Le copal, les palmistes et l'huile de palme, que ceux-ci [les
Négrilles] produisent, ne sont pas vendus à leur profit.
Georges Balandier, *Afrique ambiguë.*

Coprah

Du tamoul *koppara* (1602); amande de coco débarrassée
de sa coque, desséchée et prête à être moulue pour
l'extraction d'une huile. Celle-ci qu'on appelle indiffé-
remment **huile de coprah** ou **de coco,** est utilisée dans
certains corps gras alimentaires (margarine), en savonnerie et pour faire des tourteaux destinés à l'alimentation
des animaux.

Un colon français, un certain Auguste Leduc [...] organisa
la production de coprah, aujourd'hui la seule ressource de
ces îles.
J-M-G. Le Clézio, *Le Chercheur d'or.*

Corozo

Palmier nain *(phytelephas),* dont les graines, sous le nom
d'**ivoire végétal,** servaient autrefois à la fabrication de
boutons. Ci-dessous, l'auteur confond cette plante américaine avec un palmier africain!

Ce liquide est la sève fermentée d'un palmier appelé doum,
qui n'est autre que le coroso [...] Le fruit est une grosse
pomme brune, la chair n'a qu'un demi-centimètre d'épaisseur, filandreuse et douceâtre; on peut, à la rigueur, la

sucer. Mais c'est le noyau, gros comme un œuf et dur comme de l'ivoire, qui a le plus de valeur ; il sert à faire des boutons, dits de coroso ; c'est le principal commerce de cette côte.

Henri de Monfreid, *Les Secrets de la Mer Rouge.*

Coumarine

Du tupi-guarani *coumarou* (1836) ; substance odorante tirée de l'**aspérule odorante** et de la **fève tonka**. Cette dernière est le fruit de la **coumarouna** (1614), ou **gaïac de Cayenne** (voir ci-dessous). La coumarine entre dans la composition de certains parfums et tabacs ; les pharmaciens l'emploient pour son action anti-coagulante dans le traitement de la maladie thrombo-embolique.

Courbaril

Mot caraïbe (1640) ; arbre d'Amérique tropicale dont le bois brun, dur et lourd, est utilisé en ébénisterie. On en tire également une résine qui sert à faire des vernis.

Une rivière étrange où d'immenses courbarils poussaient au bord de l'eau, plongeant l'endroit dans une éternelle pénombre bleuâtre.

Simone Schwarz-Bart, *Pluie et vent sur Télumée Miracle.*

Euphorbe (fém.)

De *Euphorbus,* nom hellénisant du médecin de Juba, roi de Mauritanie au début de notre ère (13e siècle) ; on compte plusieurs centaines d'espèces d'euphorbes, les unes à feuilles, acclimatées en Europe, souvent très décoratives (bractées écarlates ou blanches de la **poinsettia**), les autres, les plus nombreuses, tropicales et en forme de cactus allongé. Toutes contiennent un latex blanc, généralement toxique, à partir duquel sont fabriquées des substances médicinales (**ipéca**, voir p. 171), des poisons, un onguent vésicatoire pour les vétérinaires, etc.

Tovar, d'un air soucieux, coupait avec sa badine les plus hautes tiges de ces euphorbes tubéreux [sic] qui poussent sous les cocotiers des atolls.

A. T'Serstevens, *L'Or du Cristobal.*

Fromager : voir **Kapok,** p. 70.

GAÏAC ...
... MAGISTER DIXIT

Gaïac

Du taïno *guayak* (1532); arbre résineux des Antilles, à fine odeur de benjoin. On l'a utilisé au 16ᵉ siècle contre la syphilis. Son bois, très dur et plus lourd que l'eau, est utilisé en tournerie (poulies, galets). Sa résine produit le *gaïacol*, employé comme analgésique et antiseptique pulmonaire. Il fournit une teinture anti-oxydante.

Hévéa : voir **Caoutchouc,** p. 66.

Ilang-ilang ou Ylang-ylang

Mot indonésien (Moluques, 1890); arbre de l'Océan indien, aux fleurs vertes, dont on tire un parfum (à odeur de jasmin), appelé aussi *mocassar* ou essence de *cananga* (mot malais).

> Chérie se badigeonne d'une sorte d'ilang-ilang fantaisie qui lève le cœur.
>
> Paul Guimard, *Le Mauvais temps.*

Jute

Du bengali *jhuto,* par l'anglais (1849); nom usuel du
corchorus, herbacée cultivée au Bangla Desh – on l'appelait **chanvre de Calcutta** – pour ses fibres textiles
rudimentaires, dont on fait des sacs, des tentures murales,
etc.

> Le sol est couvert d'une moquette couleur tabac; les murs
> sont tendus de panneaux de jute gris clair.
> Georges Perec, *La Vie mode d'emploi.*

Kapok

Du malais *kapuk,* par le néerlandais (1691); bourre
fibreuse très légère, qui se trouve à l'intérieur de certains
fruits, tels ceux du **fromager** (1755) ou **kapokier malais**.
L'arbre a de 30 à 40 mètres de haut, et son bois blanc
ressemble à du « fromage mou », d'où son nom français.

> Des fromagers blafards, au tronc triangulaire, qui ne
> portaient de feuilles qu'à l'extrême sommet.
> Georges Simenon, *Le Coup de lune.*

De croissance rapide, le kapokier produit une sorte
d'ouate contenue dans de grandes capsules et facile à
extraire; sa flottabilité remarquable explique son utilisation pour les gilets de sauvetage et ses qualités isolantes
sont mises à profit dans la fabrication de vêtements
tropicaux et polaires.

> Du grand arbre, la neige soyeuse du kapok tombait
> solennellement, et s'accrochait à la toge verte.
> André Malraux, *Antimémoires.*

Liquidambar

Mot espagnol, « ambre liquide » (20ᵉ siècle); arbre d'Amérique du Nord, de Chine et d'Asie mineure; son écorce
donne le styrax liquide, avec lequel on produit l'**ambre
liquide** ou **baume de liquidambar** ou encore **copalme**, qui
entre dans la composition du chewing-gum, avec le
chicle (voir p. 58). On cultive parfois cet arbre dans des
parcs.

Pite

Mot péruvien (1599); nom donné à la fibre textile provenant de certains agaves d'Amérique (*aloès* et *four-croya*), appelée aussi *chanvre de Manille*, en concurrence avec la fibre de l'*abaca*.

Ramie

Du malais *rami* (1868); nom donné à diverses urticacées qui fournissent une fibre textile brillante, longue et très résistante. Pure ou mêlée au lin, on en fait de la toile, de la lingerie de maison, du tissu d'ameublement. Elle donne aussi un papier de luxe, qui sert notamment à la fabrication des billets de banque. Ses feuilles constituent un aliment pour le bétail. La ramie, ou *ortie de Chine* est appelée par les Anglais *china-grass*.

Raphia

Du malgache *rafia* (début du 19ᵉ siècle); palmier de Madagascar dont les feuilles atteignent 15 à 20 mètres de longueur. Les fibres sont précieuses pour la confection de cordages, de liens, de tissu d'ameublement (sous le nom de *rabane*). Une espèce fournit un suc fermentescible, le *vin de raphia* ou *bourdon*.

> En faisant crisser les bambous de son lit, son corps recroquevillé roulait d'un bord à l'autre, venant bousculer et gonfler la natte de raphia pour repartir du côté opposé.
> Ferdinand Oyono, *Chemin d'Europe.*

Rocouyer

Du tupi *urucu* (1798); arbrisseau de l'Amérique centrale et de l'Inde produisant un pigment rougeâtre, le *rocou* (1614), utilisé pour certaines colorations de produits alimentaires (fromage, beurre).

> Les premières productions de Cayenne furent le rocou, le coton et le sucre.
> Guillaume Raynal,
> *Histoire philosophique et politique des Deux Indes.*

L'appellation scientifique de cette plante est *bixa*, mot d'ancien espagnol.

Sisal

Nom d'un port du Yucatan (1911); agave dont la fibre est couramment utilisée pour faire des cordages, des chapeaux, etc.

Tagal

D'une langue malayo-polynésienne (1846); fibre végétale tirée de certains palmiers, surtout aux Philippines. On en fait des chapeaux.

Vétiver

Du tamoul *vettiveru* (1827); chiendent parfumé de l'Inde et de nombreuses régions tropicales; on en fait des nattes, des parasols. Sa racine odorante est utilisée comme anti-mites; elle donne par distillation une huile aromatique qui sert en parfumerie et en savonnerie.

> Toussine glissait sous les matelas des racines de vétiver.
> Simone Schwarz-Bart,
> *Pluie et vent sur Télumée Miracle.*

Et aussi...

Sagou

Mot malais, par le portugais (1521); fécule tirée du **sagoutier**, palmier d'Indo-Malaisie et utilisée en cuisine pour lier les sauces.

Tacca

Du malais *takah,* « dentelé » (1827); plante herbacée tropicale qui fournit une fécule voisine du tapioca, l'**arrow-root** de Tahiti.

Taro

Nom polynésien (1907) de la colocase, aracée tropicale produisant un rhizome important, appelé **chou caraïbe**. C'est une très belle plante aux vastes feuilles triangulaires.

Les plantes médicinales

Cachou

Du tamoul *kasu,* par le portugais (1651); substance astringente et tannante, obtenue par décoction de l'écorce de l'*acacia catechu* (Inde et Birmanie) ou encore de l'*aréquier* (voir p. 59). La teinture de cachou a des vertus antidiarrhéiques. On fait avec le cachou du dentifrice et des pastilles aromatiques.

> Hubert ouvrit sa boîte de cachous. Hermantier sentit l'odeur piquante des réglisses. Il détestait cette odeur et plus encore le geste d'Hubert secouant la boîte ronde au creux de sa main.
> Boileau-Narcejac, *Les Visages de l'ombre.*

Cajeput

Du malais *kayu putih,* « le bois blanc » (1739); nom de plusieurs myrtacées de l'Inde, dont on extrayait autrefois l'*essence de cajeput,* utilisée comme médication antimicrobienne. Voir *niaouli,* p. 74.

Coca

Masculin. De l'*aymara,* par l'espagnol (1568); arbuste des Andes dont les feuilles fournissent un alcaloïde, la *cocaïne* (1856). Si en Amérique du Sud on en fait un masticatoire très stimulant, la médecine l'emploie partout comme analgésique (voir aussi p. 169).

> La *[sic]* triste coca du plateau bolivien : fade rumination de feuilles séchées, vite réduite à l'état de boulette fibreuse à saveur de tisane, insensibilisant la muqueuse et transformant la langue du mâcheur en corps étranger.
> Claude Lévi-Strauss, *Triste Tropiques.*

Gingko ou **ginkgo**

Mot chinois d'orthographe très variable (1869); grand arbre au port de peuplier, produisant des feuilles jaune d'or à l'automne (d'où son autre nom d'**arbre aux quarante écus**). Il est considéré comme sacré en Chine et au Japon, et cultivé à proximité des sanctuaires, mais on rencontre aussi en France sa silhouette élancée. On extrait de ses feuilles un vaso-dilatateur utilisé dans le traitement des maladies cardio-vasculaires (sous forme d'ampoules, de gouttes, de gélules) et des œdèmes.

Jaborandi

Du tupi-guarani *yaguarandi* (1752); arbuste d'Amérique tropicale (Rutacées) dont on extrait la **pilocarpine,** alcaloïde utilisé pour traiter le glaucome (il abaisse la tension oculaire). Les feuilles de jaborandi stimulent énormément la sécrétion. Le nom de *jaborandi* est étendu à d'autres pipéracées aromatiques.

Jalap

De *Jalapa,* nom d'une ville du Mexique (1654); genre de convolvulus dont les racines ont des vertus purgatives. On l'emploie (de moins en moins) en poudre ou sous forme d'une teinture, appelée chez nous **eau-de-vie allemande.**

Niaouli

Mot canaque (?) (1878); arbrisseau d'Australie et de Nouvelle-Calédonie, qui fournit l'**essence de niaouli,** plus ou moins assimilée jadis à l'**essence de cajeput** (voir p. 73). Par distillation des feuilles, on obtient le **goménol** (dont le nom est tiré de *Gomen,* localité de Nouvelle-Calédonie), substance additionnée parfois à des huiles ou à des vaselines thérapeutiques.

Quinquina

Du quechua *quinaquina,* par l'espagnol (1661); nom collectif d'un grand nombre d'arbres du genre **cinchona,** produisant des écorces amères (grises, jaunes ou rouges) dont on tire de nombreux alcaloïdes, notamment la **quinine** (voir p. 173), très efficace contre certaines maladies à fièvre.

Le quinquina fut connu à Rome en 1639. Les Jésuites, qui l'y avaient porté, le distribuèrent gratuitement aux pauvres et le vendirent très cher aux riches.

Guillaume Raynal,
Histoire philosophique et politique des Deux Indes.

Simaruba

Mot guyanais (20ᵉ siècle); arbre dont l'écorce renferme un principe amer, la **quassine,** qu'on trouve dans le **quassia** (mot guyanais), dont le bois est appelé **bois de Surinam** (Guyane hollandaise). On utilise ses vertus pour le papier tue-mouches. En Asie, la racine de certaines espèces est employée contre la dysenterie et la fièvre. Enfin, certains spécimens de cette famille produisent en abondance un corps gras, le **beurre de Dika,** au Gabon, et le **beurre de cay-cay** au Viet-Nam.

Vomiquier

D'après *noix vomique* (1561), du latin *vomica nux,* « noix qui fait vomir »; arbre de l'Inde dont l'écorce, très amère, contient de la brucine et de la strychnine; la poudre de noix vomique est utilisée pour la destruction de certains animaux (appâts empoisonnés), mais aussi en thérapeutique, comme tonique et stimulant du système sympathique et de la sécrétion gastrique.

Les nids verdâtres et granuleux suspendus aux branches basses des vomiquiers noueux cuirassés de leur feuillage métallique.

Jean Hougron, *Soleil au ventre.*

Les plantes ornementales

Aloès

Du grec *aloê*; nom donné improprement aux agaves, mais aussi à des plantes d'origine africaine (asphodélées) situées à mi-chemin des plantes ornementales (belles grappes de fleurs jaunes ou rouges) et des médicinales : l'*aloès officinal,* tiré des feuilles charnues, est un laxatif et purgatif puissant, très amer (voir **chicotin,** p. 169).

> D'une dent, sans doute égarée, d'entre celles dont Cadmus ensemença le labour thébain, naquit le formidable aloès. Le soleil tira d'un sol féroce ce hoplite. C'est un cœur de glaives, un épanouissement de courroies glauques.
> Paul Claudel, *Connaissance de l'Est.*

Aucuba

Du japonais *aokiba*; arbuste à feuilles persistantes, originaire d'Extrême-Orient, cultivé en Europe dans les jardins, où il forme souvent des haies agrémentées de jolies baies rouges. Il appartient à la même famille que les cornouillers.

> Un cimetière au centre duquel une colonne surmontée d'une vasque d'onyx jaillit d'un massif de lauriers et d'aucubas.
> Georges Perec, *La Vie mode d'emploi.*

Balisier : voir p. 64.

Caladium

Du malais *keladi,* par le latin botanique; plante herbacée vivace d'Amérique tropicale, aux feuilles sagittées ou peltées, très décoratives. On compte au moins 15 000 cultivars (types obtenus par mutation, sélection ou hybridation) de cette plante !

Canna

Mot latin, « roseau » (1816); confondu parfois avec le *balisier,* c'est en fait l'*arrow-root* des Antilles.

> Des parterres orangés et rouges, cannas et glaïeuls, rendent presque mates les tuiles vernissées d'un orangé plus pâle.
> André Malraux, *Antimémoires.*

Catalpa

Mot des Indiens de Caroline (1775); grand arbre en boule, d'Amérique du Nord, de Chine et du Japon. Il a de très larges feuilles et de gros panicules floraux blanc-rose, d'un effet fort décoratif.

Flamboyant

(20ᵉ siècle); arbre des Antilles, d'Afrique occidentale et de Madagascar, acclimaté sur la Côte d'Azur; ses fleurs rouge vif (Hougron fait erreur) sont très belles.

> De grands flamboyants roses penchaient leur feuillage horizontal au-dessus de l'eau jaune.
> Jean Hougron, *Soleil au ventre.*

Pandanus

Du malais *pandang* (1827); appellation de nombreuses espèces d'arbres ou d'arbustes, dont certaines donnent des fibres textiles, d'autres sont cultivées comme ornementales; leur tronc est soulevé au-dessus du sol par de grosses racines adventives, comme celui du palétuvier.

> J'ai étalé sur les tommettes du sol un tapis de pandanus apporté jadis de Tahiti.
> Georges Simenon, *Mémoires intimes.*

Les piquants « en dents de scie » des feuilles terminales épaisses servent souvent à constituer l' « arme » principale des haies défensives.
Le pandanus est appelé *vaquois* (ou *vacoa*) aux îles Maurice et de la Réunion.

> On ne rencontrait plus que de maigres vaquois épineux aux feuilles rigides.
> Jean Hougron, *Soleil au ventre.*

J'ai complété la panoplie de l'explorateur avec un de ces grands chapeaux de fibre de vacoa que portent ici les manafs, les Noirs des montagnes.

J.-M.-G. Le Clézio, *Le Chercheur d'or*.

Yucca

Mot caraïbe de Haïti (1555); proche de l'aloès, cette belle plante arborescente, qui peut atteindre une grande taille au Mexique ou en Amérique centrale, porte des clochettes rosées ou blanches. Acclimaté en France, le yucca est très résistant.

Nous terminerons ce « tour du monde végétal » par l'exotisme en chambre : nous voulons parler de ces **bonzaï** (mot japonais apparu vers 1975) que définit si bien Georges Perec dans *La Vie mode d'emploi* :

> Un cache-pot cylindrique d'où émerge un chêne nain, un de ces bonzaï japonais dont la croissance a été à ce point contrôlée, ralentie, modifiée, qu'ils offrent tous les signes de la maturité, voire de la sénescence, en n'ayant pratiquement pas grandi.

C'EST UN TRÈS VIEUX BONZAÏ...

Et aussi...

Kalanchoe

Mot indigène (20ᵉ siècle); herbe ou arbrisseau charnu, à fleurs jaunes ou pourpres, croissant en Afrique australe et à Madagascar.

Kalmia

De *Per Kalm*, nom d'un botaniste suédois (1716-1779); bel arbuste rustique d'Amérique du Nord aux feuilles persistantes et aux fleurs pourpres, roses ou blanches. Son fruit est vénéneux. On rencontre parfois cette plante dans les parcs floraux.

Nélumbo ou Nélombo

Mot cinghalais (1765); nom générique du *lotus sacré*, plante aquatique très ornementale. On en consomme le rhizome, riche en amidon, et les graines.

Pachira

Mot indigène (20ᵉ siècle); arbre d'Amérique tropicale à feuilles palmées et à grandes fleurs odorantes.

Sengui

Nom japonais des cryptomères (vers 1900), conifères ornementaux de la famille des cyprès, popularisés par les estampes japonaises.

> Les Japonais le nomment sengui. C'est un arbre très haut dont le fût, pur de toute inflexion et de tout nœud, garde une inviolable rectitude. On ne lui voit point de rameaux, mais çà et là ses feuillages, qui, selon le mode des pins, s'indiquent non par la masse et le relief, mais par la tache et le contour, flottent comme des lambeaux de noire vapeur.
>
> Paul Claudel, *Connaissance de l'Est.*

Vanda

Mot hindi (1845); orchidée de l'Inde à fleurs bleues ou brunes, plante de serre chaude très recherchée.

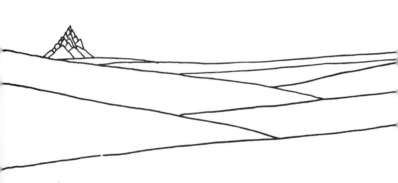

Les animaux

L'ordre que nous adoptons ici pour présenter les noms d'animaux « exotiques » est plus proche de celui des scientifiques que dans le cas des végétaux. Cela tient à plusieurs raisons : d'abord, il semble bien que la terminologie des zoologistes soit plus directement compréhensible pour le profane que celle des botanistes ; ensuite, la diversification externe des formes animales est si grande qu'il nous a paru commode de multiplier les subdivisions rationnelles, tout en « traduisant » le plus possible les termes trop « jargonnants » ; enfin, cette manière de procéder offre l'avantage de rompre la monotonie de ce qui apparaîtrait, sans cela, comme de (trop) longues listes simplement alphabétiques. Certes, les classifications sont en partie arbitraires ; mais celle que nous utilisons ici n'est pas sans valeur informative. Il n'est pas indifférent, en prenant connaissance de certains animaux « sauvages », de pouvoir les rapprocher de ceux que nous connaissons dans nos contrées (par exemple, les bovidés ou les passereaux familiers...).

Le lecteur ne doit cependant pas oublier qu'il ne s'agit pas de faire une œuvre de description scientifique du monde, mais seulement d'exciter la curiosité à propos de familles ou d'espèces plus ou moins « rares » pour un Français de l'Hexagone, sans pour autant surcharger sa patience ou sa mémoire ni l'indisposer par une avalanche de mots bizarres ou « barbares » qui seraient entassés selon le hasard de la disposition alphabétique.

Les Primates

Ce sont des animaux qui grimpent volontiers aux arbres et ont au moins des « mains » préhensiles. Ils sont, par leur allure extérieure, assez proches de l'Homme. Parmi les « singes », on distingue :

Anthropoïdes

Chimpanzé

Langue indigène du Congo (1738); animal intelligent, surtout végétarien. C'est le singe le plus voisin de nous : il est capable d'une certaine communication, peut acquérir un « langage » limité; des expériences ont montré que, dans les deux premières années de sa vie, il l'emporte sur le « petit d'homme ».

> Un grand chimpanzé ayant sur sa tête un béret d'hôtesse de l'air enlaçait une femelle qui allaitait son petit.
> Jean Cayrol, *Histoire d'un désert.*

Gibbon

D'un dialecte indien, par l'anglais (1766); au moins six espèces, toutes originaires d'Asie, de petite taille. Ce sont d'extraordinaires acrobates. Appellations diverses : **siamang** (mot malais), **hoolock** (en Birmanie), **ungko**, etc.

> Dans les arbres de la clairière, une troupe de gibbons noirs, haut perchés, se mit à siffler et à gazouiller, annonçant la chute du jour.
> Jean Hougron, *Soleil au ventre.*

Gorille

Du grec *gorilla* (1847). Le mot grec a été utilisé pour la première fois au Ve siècle avant J.-C. par Hannon, navigateur carthaginois, qui désigna ainsi des hommes très velus et noirs, aperçus par lui sur les côtes de l'Afrique.

Le gorille est le plus grand des anthropoïdes, il peut atteindre deux mètres, dressé sur ses pattes arrière. Il est pourvu de la même formule dentaire que l'homme. Vivant dans les forêts guinéenne et congolaise, il est très impressionnant et de nombreux récits de voyage l'ont décrit comme un animal stupide et dangereux. Son goût dépravé pour les femmes (notamment noires) est sujet à caution, ce qui n'a pas empêché Georges Brassens de s'écrier, comme on sait, à l'adresse des humains qui portent la robe : « Gare au gorille ! »

> C'était un gorille, vous dis-je ! Du col de la chemise sortait la hideuse tête terminée en pain de sucre, couverte de poils noirs, au nez aplati et aux mâchoires saillantes.
> Pierre Boulle, *La Planète des singes.*

Orang-outang

Du malais *orang-hutan*, « homme des forêts » (1680); de taille intermédiaire entre le chimpanzé et le gorille, il est moins proche qu'eux de l'homme. On le trouve dans les forêts de Sumatra et de Bornéo. Gauche et mélancolique, on l'a surnommé, assez méchamment, **singe satyre.** Il vit sur des plates-formes de rondins, dans les arbres, et change souvent d'habitat.

Catarhiniens (au « nez étroit »)

Babouin ou Papion

De la racine du verbe *babiller* (vers 1220); fait partie des cynocéphales (« à tête de chien »). Peu arboricoles, les babouins sont pourvus de canines énormes et de callosités fessières très colorées. Leur comportement est plutôt désagréable, voire hostile à l'homme. Facilement lubriques et alcooliques, ils sont souvent considérés comme peu « sympathiques ».

Drill

D'une langue de Guinée, par l'anglais (1776); babouin d'Afrique occidentale, à museau boursouflé et fesses rouges.

Macaque

Du portugais *macaco* (1680); singe d'Asie, originaire d'Afrique. Le **macaque à queue de cochon**, en Insulinde, sait choisir les noix de coco mûres; le **macaque japonais** est souvent reproduit sur les gravures et peintures japonaises; quant au **macaque rhésus**, il est sacré en Inde comme l'**entelle** (voir à *langur*, p. 87).

Magot

De *Magog*, nom propre tiré de l'Apocalypse et désignant, avec Gog, des peuplades barbares conduites par Satan pour détruire Jérusalem (1478); désigne un singe du genre macaque, à queue réduite. On emploie souvent ce mot pour qualifier un homme très laid et ridé, et également pour désigner une statuette orientale représentant un vieillard peu avenant. Voir **poussah**, p. 271.

Mandrill

D'une langue de Guinée, par l'anglais (1751); voisin du **drill** et encore plus affreux, avec son museau rouge, ses callosités bleues et rouge vif. Il est dangereux et mord volontiers.

Platyrhiniens (au « nez large »)

Ouistiti

Langue indigène d'Amérique du Sud, peut-être onomatopée (1767); de la famille des **hapales**, singes à griffes et queue annelée; d'un pelage varié et pittoresque, cet animal est familier avec l'homme; on l'appelle aussi **marmouset**.

Saimiri

Du tupi *sahi*, « singe » + *miri*, « petit » (1766); joli petit singe de Guyane, qui se confond plus ou moins avec le sapajou.

Sajou ou Sai

Du tupi *sahi* (vers 1601); nom générique de singes nommés aussi **capucins**, vifs et intelligents, mais malpropres. Le terme de **sagouin**, du tupi *saguim*, les désignait autrefois, d'où la valeur négative et métaphorique apparue dans l'usage courant; Mauriac, dans son court roman *Le Sagouin*, raconte la triste histoire d'un enfant « vilain, bête et sale ».

Toutes les tribus des petits singes; saguin, pour nous ouistiti; macaco da noite, « singe de nuit » aux yeux de gélatine sombre; macaco de cheiro, « singe à parfum »; gogo de sol, « gosier de soleil », etc.
Claude Lévi-Strauss, *Tristes Tropiques.*

Saki

Mot tupi (1766); de la famille des *cébiens*, petit singe purement frugivore et à queue non préhensile.

Sapajou

Du tupi *sapayou* (vers 1600); petit singe d'Amérique centrale et du Sud, appelé aussi **singe-écureuil**, à pelage court et queue préhensile.

Tamarin

Langue indienne d'Amazonie (1745); de la famille des hapales, le tamarin est proche du ouistiti; il porte une crinière médiane, d'où le nom de **singe-lion** que l'on donne à un de ses représentants, appelé aussi **rosalie**.

Remarquons avec quelle facilité le français s'est approprié un certain nombre de ces mots « simiesques » pour établir entre l'homme et l'animal une équivalence négative dont on ne sait plus très bien si elle porte plus de tort à l' « homo sapiens » ou à la bête « brute »? Tel est le cas de *sagouin, macaque, ouistiti, sapajou*, notamment avec l'illustre caution du capitaine Haddock...

Lémuriens

Ce sont des animaux nocturnes et lents, qui tiennent plus de l'écureuil que du singe proprement dit. Leur nom, d'origine latine, signifie « spectres », et vient de ce qu'ils ne sortent que la nuit.

Aye-Aye

Onomatopée malgache (1782); gros écureuil vivant à Madagascar, comme la plupart des lémuriens. Le troisième doigt de ses pattes antérieures est très long et comme desséché.

Indri

Exclamation malgache, « le voilà! », prise de façon erronée pour le nom de l'animal (1780). C'est un grand arboricole grégaire, vivant uniquement à Madagascar, impressionnant par sa stature, sa lenteur et ses grands yeux phosphorescents, traits qui expliquent en partie la croyance des Malgaches dans le retour des morts sous forme de *babakoutes*, qui sont l'équivalent des *zombis* (voir p. 277) antillais.

Loris

Mot hollandais (1765); gracieux écureuil de l'Inde et de Sri Lanka, pourvu de très larges yeux; on l'appelle *singe paresseux*, et les Malais croient qu'il cache sa face de ses mains pour ne pas voir les fantômes...

Maki

Mot malgache (1756); le maki, ou *maque*, a un museau étroit, une longue queue fournie et annelée. On le trouve à Madagascar, mais aussi aux Comores. Autre dénomination : *chat de Madagascar.*

Potto

Mot africain, de Guinée (vers 1900); autre singe paresseux d'Afrique, voisin du loris.

Et aussi...

Douroucouli

Mot indigène (20ᵉ siècle); de la famille des cébiens, c'est un petit singe d'Amérique tropicale, qui boit suspendu par la queue au-dessus de l'eau et se nourrit exclusivement de ce qu'il trouve dans les arbres. Il est très doué sur le plan vocal. Nocturne, il est pourvu de très grands yeux.

Langur

Mot hindi (20ᵉ siècle); singe à très longue queue, vif et pillard, appelé également *houlman, hanouman* ou *entelle*. Il est protégé comme animal sacré dans l'Inde du Sud. On en trouve une espèce toute noire dans l'île de Java, le *budeng*.

Les Insectivores

Desman

Abréviation du suédois *desmanratta* (1763); sorte de gros rat à fourrure dense et recherchée. De mœurs aquatiques, il a les pattes palmées. On le trouve en Russie et dans les pays nordiques.

Tanrec ou Tenrec

Du malgache *tandraka* (1761); animal qu'on trouve exclusivement à Madagascar; apparenté au hérisson, il est très prolifique.

> Il peut s'agir d'espèces animales dont on connaît un seul individu, comme le *tanrec dasogale fontoynanti* dont l'unique spécimen, capturé à Madagascar, se trouve au Muséum d'Histoire naturelle de Paris.
>
> Georges Perec, *La Vie mode d'emploi.*

Tupaia

Mot malais (1846); cet animal, qui ressemble à un écureuil, vit en Asie tropicale. Il a une queue en panache, alors que le tanrec en est dépourvu.

Les Chiroptères
ou « Chauves-souris »

Calong

Du malais (20ᵉ siècle); grande roussette frugivore de l'Insulinde, appelée aussi **renard volant.** Le calong atteint 1,5 m d'envergure.

Kérivoula

Mot indigène (20ᵉ siècle); petite chauve-souris du Sri Lanka, colorée comme un beau papillon, ce qui est très rare pour un animal nocturne.

Les Carnivores

Félins ou félidés (les « gros chats »!)

Couguar ou Cougouar

Du tupi *susuarana,* par le portugais, avec influence de
jaguar (1761); synonyme de **puma** (voir p. 91).

Guépard

De l'italien *gattopardo,* « chat-léopard » (1706); animal
intermédiaire entre le chien et le chat. C'est un félin
relativement « doux », que l'on peut apprivoiser et qui a
longtemps été dressé à la chasse, à la manière du faucon.
On l'appelle **chetala** en Inde.

Jaguar

Du tupi *jaguara* (1761); arboricole américain (de l'Argentine au Mexique) qui ressemble au léopard, mais ses taches sont plus grandes et plus nettes. Il atteint la taille de 1,50 m.

> A vingt pas de lui au plus, accroupi sur la maîtresse branche d'un énorme cyprès, un magnifique jaguar à la robe splendidement mouchetée fixait sur lui deux yeux ardents en passant sur ses mâchoires avec une volupté féline sa langue rugueuse, rouge comme du sang.
>
> Gustave Aimard, *Le Chercheur de pistes.*

Jaguarondi

Mot tupi (fin du 19ᵉ siècle); chat sauvage bas sur pattes et à longue queue; on le rencontre en Amérique tropicale.

> J'aurais pu vous parler aussi du cri que pousse le jaguarundi pour attirer les oiseaux.
>
> J.-M.-G. Le Clézio, *Le Chercheur d'or.*

Léopard

Du latin *leopardus,* de *leo,* « lion » + *pardus,* « panthère » (16ᵉ siècle); ce grand félin peuple toute l'Afrique et une partie de l'Asie. On le confond très souvent avec la panthère, noire ou tachetée. Une belle espèce est le léopard des neiges, ou ***once***, qui vit en Sibérie ou en Asie centrale.

> Les griffes qui avaient labouré le visage de Kihoro étaient celles d'un léopard.
>
> Joseph Kessel, *Le Lion.*

Lion

Du latin *leo* (1080); faut-il considérer vraiment cet animal-symbole comme exotique? Vers l'an 1000 av. J.C., quelques lions vivaient encore en Europe. Nous nous contenterons d'une citation littéraire qui « va de soi » !

> Dans son ombre, la tête tournée de mon côté, un lion était couché sur le flanc. Un lion dans toute la force terrible de l'espèce et dans sa robe superbe. Le flot de la crinière se répandait sur le mufle allongé contre le sol.
>
> Joseph Kessel, *Le Lion.*

Margay

Du tupi *maracaya*, « chat-tigre » (1575); chat sauvage d'Amérique du Sud, à longue queue, d'une grande agilité dans les arbres.

Ocelot

De l'aztèque *ocelotl,* par l'espagnol (1765); chat sauvage d'Amérique, très recherché pour sa fourrure, généralement rayée en long. C'est une espèce aujourd'hui protégée.

Puma

Mot quechua, par l'espagnol (1633); animal nocturne et arboricole, appelé aussi **couguar** ou **lion américain** (mais il n'a pas de crinière). Atteignant 2,5 m de longueur et un poids de 100 kg, il est répandu dans toute l'Amérique du Sud ainsi qu'en Amérique du Nord occidentale, jusqu'à l'Alaska. Une espèce brésilienne, l'*eyra* ou *ara,* mot brésilien, est appelée **chat-belette** en raison de sa forme allongée.

Serval

Du portugais *cerval,* « cervier », c'est-à-dire « qui attaque des cerfs » (1761); chat-tigre d'Afrique; mais une espèce asiatique est piscivore. Il en existe une autre, très petite, à Java et Sumatra.

Tigre

Mot grec *(tigris)* d'origine iranienne (1165); grand félin d'Asie. Chasseur nocturne, il grimpe aux arbres (à la différence du lion), nage parfaitement, peut atteindre la taille de 3 mètres et le poids de 300 kilos.

Viverridés (du latin *viverra*, « civette »)

Hyène

Du grec *huaina*, (12e siècle); grand carnivore, proche des canidés, qui vit en Afrique et en Asie. Il est tantôt rayé, tantôt tacheté. Charognard assez lâche et hideux, son ricanement désagréable a donné naissance à pas mal de légendes et récits fantaisistes.

> Mais toute la nuit la hyène pleure le deuil de la terre, et tout le jour les corbeaux le deuil du ciel.
> Lanza del Vasto, *Vinôbâ ou le nouveau pèlerinage.*

Linsang

Mot javanais (1872); petit carnivore voisin de la genette. Deux espèces, l'une tachetée, l'autre rayée. Le linsang est arboricole et se nourrit de petits vertébrés et d'insectes.

Mangouste

Du marathe *manghûs*, par l'espagnol (1703); petit carnassier tropical de l'Ancien monde, dont une espèce a été nommée **chat des pharaons.** Très agile, la mangouste a une immunité naturelle remarquable à l'égard du venin de serpent : on l'utilise parfois dans les plantations pour lutter contre certains reptiles dangereux.

Suricate ou Surikate

Mot indigène d'Afrique du Sud (1765); très voisin de la mangouste, il est également frugivore.

Canidés (« les chiens »)

Barzoï

Mot russe, « lévrier » (vers 1932); grand lévrier russe à poils longs, utilisé jadis pour la chasse au loup. Aujourd'hui, c'est un beau chien très « racé », qui n'est plus que chien d' « agrément ».

Chacal

Du persan *chagal* (1646); il ressemble au renard, mais c'est un charognard, capable de manger n'importe quoi. On le trouve en Afrique, en Inde et même en Guyane (**crabier,** « mangeur de crabes »).

> Depuis lors, la lune entendit les chacals piaulant par les déserts de thym.
>
> Arthur Rimbaud, *Illuminations.*

Chihuahua

Du nom d'une ville du Nord du Mexique; tout petit chien d'agrément à tête ronde et oreilles dressées.

Chow-Chow

Du pidgin anglo-chinois (1933); chien de compagnie très indépendant, dont la tête évoque celle du lion. Son poil est très abondant et lustré. En Extrême-Orient, on le mange.

Coyote

Du nahuatl *coyotl* (1867); charognard proche du chacal. On l'appelle aussi **loup des prairies.** C'est un animal très répandu dans l'ancien Far West américain et mexicain.

Dingo

D'un parler australien, par l'anglais (1868); chien sauvage d'Australie, qui hurle (il n'aboie pas) et chasse en troupe. On n'est pas sûr de son origine. De couleur jaune, il ressemble à un grand renard.

Fennec

Mot arabe (1808); petit mammifère aux oreilles pointues, qui vit dans les oasis d'Afrique du Nord.

Pékinois

De *Pékin,* ville de Chine (vers 1870); épagneul nain de compagnie, jadis réservé à l'Empereur de Chine, importé en Europe au milieu du 20e siècle. C'est un chien de luxe, plutôt laid, mais très attachant.

Plantigrades

(« qui marchent sur la plante des pieds »)

Coati

Mot tupi (fin du 16ᵉ siècle); mammifère arboricole d'Amérique du Sud, à long museau et longue queue rayée, chasseur d'insectes et de lézards. On l'apprivoise facilement.

Kinkajou

De l'algonquin *gwing,* « glouton », croisé avec *carcajou,* voir ci-dessous (1672); cet animal peu farouche, très voisin extérieurement des lémuriens, a une longue queue préhensile. Il vit surtout la nuit. Il est très friand de miel et de fruits.

Panda

Mot népalais (1824); nom donné à deux mammifères de l'Inde et de la Chine. Le **grand panda,** proche des ursidés, se reproduit en captivité; le **petit panda,** arboricole, ressemble à un gros chat, de fourrure brun-roux. Ces deux charmants animaux sont très appréciés, notamment en Chine, où le grand panda est protégé.

Mustélidés (du latin *mustella,* « belette »)

Carcajou

D'un dialecte algonquin : *coa-coa-chou,* « l'animal, le glouton » (1710); blaireau du Labrador, qui vit dans des terriers et se nourrit de végétaux et d'invertébrés.

> Plus tard nous saurons que c'est le carcajou, autrement dit le glouton, en anglais la « wolverine », le diable en personne, l'ennemi exécré de tous les hôtes de la forêt.
> Frison-Roche, *Peuples chasseurs de l'Arctique.*

Pékan

De l'algonquin *pekane* (1765); nom indigène de la **martre du Canada,** la plus grande des quatre espèces existantes, dont la fourrure est recherchée.

> Les étoles en vison, les cols de martre et de pékan, les manteaux de loutre portaient des étiquettes respectables.
> Maurice Constantin-Weyer,
> *Un homme se penche sur son passé.*

Sconse ou Skunks

De l'algonquin *segankw* (fin du 19ᵉ siècle); autre nom de la **moufette** ou **mofette,** petit mammifère d'Amérique au pelage gris rayé de blanc, qui constitue une fourrure très recherchée. Il émet par l'anus, pour se défendre, une odeur pestilentielle très *sui generis.*

> En face de moi, il n'y avait personne, mais la place était marquée par un manteau beige bordé de skunks.
> Maurice Dekobra, *La Madone des sleepings.*

Vison

Du latin *vissio,* « puanteur » dérivé de *vissire,* « émettre des pets » (1797); animal de la taille d'un chat, présent en Amérique du Nord et en Finlande. Son odeur rappelle celle du putois ou de la moufette. Il est chassé ou élevé pour sa fourrure, l'une des plus appréciées en Europe.

Zorille

Mot espagnol, diminutif de *zorro,* « renard » (1791); moufette d'Afrique et d'Asie mineure, à la fourrure estimée.

Pinnipèdes (« aux pieds palmés »)

Morse

Du lapon *morssa,* par le russe *morju* (milieu du 16ᵉ siècle); gros mammifère marin, se rapprochant des cétacés, et pouvant atteindre 1 200 kg. Les grosses défenses du mâle lui servent à progresser au sol. Il est protégé en Sibérie et au Canada.

> Les Basques défrichèrent pour les gens de la charrette leur lignage d'ancêtres marins et chasseurs de morses qui durant des siècles avaient fourni l'ivoire à l'Europe.
> Antonine Maillet, *Pélagie-la-Charrette.*

Otarie

Du grec *ôtarion,* « petite oreille » (1810); on appelle aussi cet animal **ours de mer** ou **lion de mer.** Ses pieds sont plus visibles que ceux du phoque et son cou plus allongé. Sa fourrure est nommée **loutre de mer.** Intelligent, ce mammifère peut être dressé : les cirques lui font faire des exercices d'adresse.

Phoque

Du grec *phôkê* (1532); il a les membres postérieurs soudés à la queue et, à la différence de l'otarie, ne peut se déplacer au sol. Il est chassé par les Esquimaux et les Lapons pour sa viande. Lorsqu'il est jeune, il porte une fourrure laineuse : le problème soulevé par la chasse aux bébés phoques est bien connu, mais n'a pas encore trouvé de solution véritable. Les espèces les plus communes sont le veau marin et le phoque du Groënland.

> Le phoque, après six mois, lui, ne s'y est pas trompé. Prisonnier marin, il a, dans sa caverne obscure que commence à colorer d'une lumière d'ambiance émeraude la couche supérieure des eaux, reconnu le nouvel air et, à travers la muraille de glace, s'est enfin hissé au soleil.
> Jean Malaurie, *Les derniers rois de Thulé.*

Les Rongeurs

Écureuils

Bobac

Mot sibérien (20ᵉ siècle); sorte de marmotte de Sibérie, appelée aussi **tarbagan**, ancien propagateur de la peste.

Souslik

Mot slave (?); petit écureuil mangeur de graines et habitant dans des terriers. Il mesure 25 cm environ et se tient souvent debout. On le trouve en Asie, en Europe et en Amérique du Nord.

Tamia

Du grec *tamias*, « économe » (20ᵉ siècle); écureuil sibérien et nord-américain, à bajoues et pelage jaune pâle à bandes claires. Il se nourrit de végétaux.

Rats

Agouti

Du tupi-guarani *acouti* (1758); de la taille d'un lièvre, cet animal vit en troupes nombreuses en Amérique du Sud et aux Antilles. Sa chair est appréciée.

Cabiai

Mot tupi (fin du 18ᵉ siècle); géant des rongeurs, il atteint 1,20 m et 50 kg. Il vit en Amérique du Sud et s'apprivoise aisément. Sa chair est comestible. On l'appelle aussi **capybara, hydrochère, cochon d'eau**.

Chinchilla

De l'espagnol *chinche* (1598), « punaise » (à cause de son odeur); rongeur de grande altitude, on le rencontre dans les Andes. Il a de grands yeux et une queue très touffue. Les anciens Incas savaient déjà utiliser son duvet laineux, une fourrure de grand prix. Par son allure, le chinchilla tient à la fois de l'écureuil, du lapin et du rat.

Cobaye

Du tupi *sabuya,* par le portugais (1820); petit animal originaire du Pérou. Muni d'ongles plutôt que de griffes, il est herbivore, nocturne et se rencontre dans les prairies d'Amérique du Sud. Son autre nom est *cochon d'Inde* (il provient de l'erreur géographique que commirent les premiers découvreurs de l'Amérique). C'est avant tout un animal de laboratoire sacrifié en masse pour le progrès des connaissances en biologie et en médecine.

Lemming

Mot norvégien (1771); sorte de gros campagnol nordique à queue courte, qui se nourrit de lichens, n'hiberne pas malgré le froid et se reproduit de façon prolifique. Il se déplace par immenses colonies comprenant plusieurs milliers d'individus, et traverse les rivières, les lacs. Beaucoup périssent au cours de cette migration.

Ondatra

Du huron *ondathra* (1632); nom indigène du *rat musqué* ou *rat d'Amérique,* assez proche du castor, dont il a les mœurs. Ses glandes à musc sont utilisées en parfumerie, et sa fourrure est assez recherchée, sous le nom de *loutre d'Hudson.*

Viscache

Du quechua, par l'espagnol (1765); sorte de lapin à fourrure très proche du chinchilla. Appelé *lièvre des pampas,* il vit surtout en Argentine, et creuse d'immenses terriers sous des kilomètres carrés de pampas. Très sociable, la *viscache* se groupe en « villages » et pille volontiers les cultures.

LE FRIC
OU TU ES MORT!
RAT DES CHAMPS!

Les Ongulés

Proboscidiens (« qui portent une trompe »)

Éléphant

Du grec *elephas,* (12e siècle) signifiant d'abord « ivoire »
puis « animal pourvu de défenses en ivoire »; l'éléphant
d'Afrique atteint 4 mètres de hauteur et un poids de 4
tonnes, il a de grandes oreilles. Son cousin d'Asie est plus
petit, ses oreilles sont réduites. Cet animal assez paisible
et intelligent est utilisé localement pour certaines tâches
matérielles, mais plus souvent chassé pour ses belles
défenses, qui peuvent peser chacune plusieurs dizaines
de kilos. Protégé dans les parcs nationaux, il se reproduit
généreusement et cause de gros dégâts aux forêts et aux
cultures.

> En débouchant sur la place, l'Empereur eut devant les yeux
> un spectacle prodigieux. Cent vingts éléphants de guerre
> ou de parade avaient été acheminés sur Rome.
> Jean d'Ormesson, *La Gloire de l'Empire.*

Mammouth

Du toungouse *mamut,* « qui vit sous la terre », par le russe
(1692); éléphant fossile à très longs poils (50 cm) et
énormes défenses recourbées vers le haut – alors que
celles de l'éléphant sont orientées vers le bas. On a
retrouvé des spécimens entiers de cet animal fabuleux
congelés dans les steppes de Sibérie; la première découverte remonte à 1806. Mais les grottes préhistoriques (des
Eyzies, par exemple) ont révélé que le mammouth était
jadis répandu également en Europe.

Suidés (les « cochons »)

Babiroussa

Du malais *babirusa,* « porc-cerf » (1764); sanglier des Célèbes aux défenses très recourbées vers le haut. Il est haut sur pattes et assez trapu.

Pécari

Du caraïbe *begare* (17ᵉ siècle); porc sauvage d'Amérique tropicale, aux défenses dirigées vers le bas. Ils se déplacent en troupes et causent de nombreux dégâts. On les recherche pour leur peau résistante qui, une fois tannée, s'appelle *peau de porc* ou... *pécari.*

> Les peccaris (*sic*) tiennent le milieu entre le porc domestique et le sanglier. Bien que la taille de cet animal ne dépasse pas ordinairement 70 cm de hauteur, et à peu près 1 mètre de longueur du groin à la naissance de la queue, il est cependant sans contredit un des animaux les plus dangereux et les plus redoutés de l'Amérique septentrionale. La mâchoire du peccari est garnie de boutoirs assez semblables à ceux du sanglier, mais droits et tranchants, dont la longueur varie entre huit et quinze centimètres.
>
> Gustave Aimard, *Le Chercheur de pistes.*

Phacochère

Du grec *phakos,* « lentille » + *khoiros,* « petit cochon » (1842); sanglier d'Afrique, laid et dangereux par ses canines inférieures tranchantes. Il porte sur le groin de gros bourrelets qui protègent les yeux (chez le mâle).

Saïnos

Mot indigène (1936); cochon sauvage de l'Équateur.

> On l'appelait ainsi parce qu'il ressemblait, avec le poil noir qui lui remplissait la figure et sa bosse dans le dos, au cochon sauvage des forêts équatoriennes, celui qu'on nomme saïnos. C'est une bête courageuse qui s'attaque au guépard et au puma. Elle est velue comme un sanglier, la hure énorme, l'œil vif, des dents de phacochère; elle porte sur l'échine une bosse toujours purulente à force de la frotter contre les arbres.
>
> A. T'Serstevens, *L'Or du Cristobal.*

Hippopotame

Du grec *hippos,* « cheval » + *potamos,* « fleuve » (1265);
malgré les apparences, c'est un suidé, mais une « fin de
série »; il est très isolé en tant qu'espèce. Commun dans
les grands fleuves africains, il mesure jusqu'à 5 mètres de
long et pèse facilement 2,5 tonnes. Il était autrefois
compté comme un **pachyderme,** du grec *pakhudermos :*
« qui a la peau épaisse » (1795) : ce terme ne correspond
plus à la classification scientifique moderne, mais il est
toujours vrai que l'épaisseur de la peau de l'hippopotame
est remarquable (jusqu'à 400 kg de peau pour un seul
animal!). Il dévaste les récoltes et s'en prend même aux
bœufs. Dans l'eau, il représente un grand danger pour les
embarcations.

Camélidés (« chameaux »)

Alpaga

Mot quechua, par l'espagnol (1739); mammifère voisin du lama, et forme domestiquée du **guanaco**; il est pourvu d'une toison de laine fine et longue, qui fournit un tissu apprécié (mi-laine mi-soie).

> La seule cérémonie qui pût le distraire de son pèlerinage était celle des enterrements, pour lesquels il tenait prêt un complet d'alpaga blanc.
> Édouard Glissant, *La Case du commandeur*.

Une variante domestique est appelée **paco** (mot quechua).

Girafe

De l'arabe *zurâfa,* par l'italien *giraffa* (12e siècle); grand mammifère d'Afrique, au cou long et au pelage roux, réticulé ou tacheté. La girafe marche l'amble et se nourrit de feuilles d'arbres.

Guanaco

Du quechua *huanaco,* par l'espagnol (1766); espèce très proche de l'alpaga et vivant comme lui en Amérique du Sud. Mais il est demeuré sauvage. Il est chassé surtout au Pérou pour sa chair. Sa fourrure ressemble à celle du renard roux.

Lama

Du quechua, par l'espagnol (1598); animal montagnard, vivant dans la cordillère péruvienne. De la taille d'un gros mouton, il est domestiqué depuis fort longtemps et a servi de bête de somme. Il se défend contre un adversaire en crachant violemment le contenu de son estomac.

Okapi

Mot bantou; ruminant découvert en 1900 dans le Nord du Zaïre. Apparenté à la girafe, mais plus petit, c'est le survivant d'une souche fossile.

Vigogne

Du quechua, par l'espagnol (1672); cet animal d'Amérique du Sud est chassé au moyen de filets circulaires et de frondes. La vigogne a un pelage ocre chair, qui fournit une laine très fine.

Cervidés

Cariacou

Altération du brésilien *cuguacu-apara* (origine proche de celle du mot **couguar,** (voir p. 89) (1761); on appelle aussi cet animal **cerf de Virginie**; il ressemble au daim et on le rencontre dans toute l'Amérique, jusqu'au Chili.

Caribou

De l'algonquin (début du 17e siècle); nom indigène du **renne du Canada**. Très bon tireur de traîneaux, c'est un animal domestiquable, mais qui garde toujours un tempérament de nomade. Il fait de grands déplacements sous la conduite d'une femelle. Les Indiens mangent sa chair et utilisent habilement toutes les parties de son corps (y compris les tendons, qui donnent un fil très résistant).

> Le caribou de la taïga-toundra est un animal fort et bien campé, plus élégant de forme que son congénère domestiqué de Laponie. Sa robe d'hiver est une chaude fourrure grise bourrée de duvet blanc. Ses bois, d'assez modestes dimensions, sont très élégants et d'une grande légèreté. Le caribou de l'extrême Arctique, au contraire, ne descend pas vers le Sud! C'est un animal de petite taille, à peine plus haut qu'un mouton mais portant en revanche des bois immenses, protection naturelle pour lui qui vit dans les steppes polaires, contre les loups et les ours.
>
> Frison-Roche, *Peuples chasseurs de l'Arctique.*

Élan

Du baltique *elnis,* par le haut allemand (17ᵉ siècle); nom d'un grand cerf du Nord, aux bois aplatis. Synonyme d'*orignal* (voir ci-dessous).

Muntjac

De la langue de Java, par l'anglais (1874); petit cervidé solitaire et nocturne, qui vit dans les forêts d'Indo-Malaisie.

Orignal

Du basque *oregnac,* nom donné par les Canadiens français à l'élan (voir ci-dessus) (17ᵉ siècle); c'est un mangeur d'écorce et de jeunes branches, qui hante les Montagnes Rocheuses, du Nord au Sud.

> Nous apercevons la masse de deux élans, deux orignaux, les plus grands cervidés du monde : plus de 2 mètres au garrot, des jambes d'échassiers sur un corps de mulet, une énorme tête, un mufle aux lèvres pendantes, deux oreilles d'âne abaissées sur les joues!
> Frison-Roche, *Peuples chasseurs de l'Arctique.*

On appelle aussi cet animal *moose*, du nom d'un fleuve côtier de l'Ontario.

> Là, un couple de « mooses », le grand élan des forêts, a bondi sur la piste.
> Frison-Roche, *ibid.*

Wapiti

De l'algonquin *wapitik,* « daim blanc » (1876); grand cerf d'Amérique du Nord, qui ressemble beaucoup au cerf européen.

> Dans les bas-fonds, au plus fourré de la broussaille, les hardes de caribous, d'orignaux ou de wapitis se groupe-raient, têtes affrontées, afin de n'offrir au vent que des croupes qui, rythmiquement, grelotteraient pour se réchauffer.
> Maurice Constantin-Weyer,
> *Un Homme se penche sur son passé.*

Bovidés

Banteng

Mot malais (20ᵉ siècle); bœuf sauvage de Malacca, à
cornes courtes. Il a une bosse dorsale; c'est peut-être
l'ancêtre des zébus.

Bison

Du latin *bison*, d'origine germanique (fin du 15ᵉ siècle);
gros mammifère à bosse, à épaisse toison brun noir et à
cornes très courtes. On le trouvait en Europe centrale, en
Lithuanie, et d'autre part en Amérique du Nord (espèce
nommée ***buffalo***). Il a été exterminé partout et ne sub-
siste plus guère que dans quelques réserves américaines.

> Mais voici des mille et des dix mille ans, jusqu'à ce qu'en
> 1885 les Blancs les aient stupidement massacrés, que les
> bisons ont pacagé les roulantes ondulations de cette
> immense prairie.
>
> Maurice Constantin-Weyer,
> Un homme se penche sur son passé.

Gaur

De l'hindi *gour*, par l'anglais (19ᵉ siècle); le plus grand
des bovidés sauvages (jusqu'à 2 mètres au garrot). Il vit
dans les forêts montagneuses, en Inde et en Asie du
Sud-Est. Il est très proche du ***gayal*** (mot hindi), qui, lui,
est semi-domestique.

Yack ou Yak

Du tibétain *gyak,* par l'anglais (fin du 18e siècle); ruminant du Tibet, au corps imposant, pourvu d'une toison longue et soyeuse et d'une queue de cheval. Animal de bât, très montagnard et resté assez indocile.

> L'allure massive de ce ruminant [le bœuf musqué du Grand Nord] dont le pelage tombe jusqu'aux sabots, ce qui lui donne l'apparence d'un yack tibétain.
> Frison-Roche, *Peuples chasseurs de l'Arctique.*

Zébu

Du tibétain *zeu, zeba,* « bosse du zébu, du chameau » (1752); bœuf à bosse, maigre et haut sur pattes, qu'on rencontre en Afrique et en Inde, où il est la bête sacrée des Brahmanes. Il s'hybride volontiers avec le yack.

> Les attelages se suivent, mais sans un cheval : rien que des buffles, des petits zébus aux cornes peintes et aux colliers de coquillages qui trottinent et d'autres, mis au joug, qui tirent leur chariot.
> Roland Dorgelès, *Partir.*

Les Américains du Texas et de la Louisiane ont importé et sélectionné une race de zébus qu'ils appellent, curieusement, **brahman**!

Ovidés

Astrakan

D'*Astrakhan*, nom d'une ville du Turkestan (1775);
mouton à la toison noire, grise ou brune, moins recherchée aujourd'hui qu'autrefois pour la confection des
manteaux de fourrure. Ce terme est plus ou moins
synonyme de **breitschwanz** (mot allemand, « large
queue ») ou de *caracul* (voir le suivant).

Caracul ou Karakul

Du russe *karakoul*, de Karakol, ville d'Ouzbékistan (fin
du 18ᵉ siècle); race de moutons d'Asie centrale, tués dès
la naissance pour obtenir une toison bouclée, et que les
Anglais appellent **persian lambskin**, les Allemands **per-
sianer** et les Français **astrakan**.

Antilopes

Le mot **antilope** (1751) est un terme générique issu du
grec *antholops*, désignant un animal fabuleux; il correspond à une sous-famille située entre les ovidés et les
cervidés.

> Plus loin un troupeau d'antilopes grises bien grasses
> paissent au milieu des récoltes, comme les vaches dans un
> pré.
> Lanza del Vasto, *Vinôbâ ou le nouveau pèlerinage.*

La taille des antilopes est très variable.

Bubale

Masculin. Du grec *boubalos*, « buffle » (1764); grande
antilope des savanes africaines, aux cornes annelées et
divergentes.

Chirou ou Tchirou

Du tibétain (20ᵉ siècle); sorte de chèvre sauvage du Tibet à cornes droites et museau renflé.

Dik-Dik

D'une onomatopée (20ᵉ siècle); très petite antilope d'Afrique, de la taille d'un lièvre, vivant dans les fourrés.

Gnou (prononcer « g-nou »)

Mot hottentot (1778); grande antilope africaine, pourvue d'une crinière et d'une barbe; on distingue le **gnou du Cap**, entièrement domestiqué, et le **gnou bleu**, qui, mêlé aux zèbres, vit en troupeau.

> Antilopes, gnous, gazelles, zèbres et buffles – la voiture poussée à la limite de sa vitesse, penchée, dressée, plongeant, remontant, rabattait ces troupeaux les uns sur les autres.
>
> Joseph Kessel, *Le Lion*.

Goral

Mot indigène (20ᵉ siècle); sorte de chèvre des montagnes d'Asie, proche du chamois. Le goral a des cornes petites et recourbées seulement au sommet.

Impala

Masculin. Mot zoulou (20ᵉ siècle); antilope de taille moyenne, vivant en grands troupeaux dans l'Afrique australe et orientale.

> Parmi les impalas qui portaient sur chacun de leurs flancs dorés une flèche noire, et qui étaient les plus gracieuses des antilopes, et les plus promptes à l'effroi, Patricia montrait celles qui la recevaient sans crainte.
>
> Joseph Kessel, *Le Lion*.

Koudou ou Coudou

Mot indigène (20ᵉ siècle); très grand animal à longues cornes spiralées et à rayures blanches verticales.

Nilgaut

Du persan *nil*, « bleu » + *gao*, « bœuf », par l'hindoustani *nilgaû* (1666); grande antilope qui vit en hardes au nord de l'Inde. De pelage gris-bleu, le nilgaut porte des cornes courtes.

Saïga

Mot russe (1761); animal qui vit en Asie, semblable à un daim à grosse tête. On en rencontre également en Russie d'Europe (seule antilope dans ce cas).

Sitatunga

Mot africain (20ᵉ siècle); antilope d'Afrique centrale, aux cornes à peine spiralées, vivant dans les savanes marécageuses. On l'appelle aussi **guib d'eau**.

Steinbock ou Steenbock

De l'ancien haut allemand *steinbock*, « bouc de rocher », par l'afrikaans (1791); petit animal solitaire à oreilles noires, vivant en Afrique australe. Il existe dans cette région du monde toutes sortes d'antilopes dont le nom se termine identiquement par **bo(c)k : blessbock, duikarbock, waterbock**, etc., sans oublier les **springbocks** (« bouc sauteur ») qui ont donné leur nom à la célèbre équipe sud-africaine de rugby!

Rhinocéros

Du grec *rhinokerôs* – de *rhis, rhinos*, nez + *kéras*, corne; seul membre de cette famille, le **rhinocéros** est un ongulé herbivore de grande taille, ne possédant que trois doigts fonctionnels. Il vit en Inde et en Afrique. L'espèce la plus grande atteint trois mètres de long et un poids de deux tonnes. Sa peau très épaisse le faisait classer autrefois comme pachyderme, comme l'hippopotame et l'éléphant. Le rhinocéros est pourvu d'une ou de deux cornes (elles ne sont pas en ivoire, mais on en tire une poudre réputée aphrodisiaque). Cet animal semi-aquatique est connu depuis l'Antiquité; c'est peut-être la licorne dont parle la Bible, une des bêtes monstrueuses de l'Apocalypse.

> Elle avait assisté à un combat de rhinocéros, et le mâle énorme, immobile à quelques pas de nous, sa corne dressée vers le ciel, comme un bloc de la préhistoire, avait été le vainqueur.
>
> Joseph Kessel, *Le Lion.*

Tapiridés

Tapir

Mot tupi (1558); animal archaïque, intermédiaire entre cheval et cochon. Il vit en Amérique du Sud (où il est noir) ou bien en Inde, où il a le dos moucheté, ce qui le rend presque invisible dans le feuillage. Cet animal nocturne, craintif, très bon nageur, est chassé pour sa chair et son cuir.

> Depuis que les missionnaires américains sont allés dans le haut couao et ont tué des jaguars et des tapirs, les gens meurent de plus en plus.
> Jean Monod, *Un riche cannibale.*

Équidés

Cimarron

Mot espagnol, « esclave fugitif » (voir **marron**, p. 257) (20ᵉ siècle); nom donné en Argentine à des chevaux domestiques redevenus demi-sauvages.

Couagga

Onomatopée reproduisant le cri de l'animal (20ᵉ siècle); zèbre d'Afrique australe, aujourd'hui pratiquement disparu.

Mustang

De l'espagnol *mestengo*, « sans maître » (1868); synonyme paraguayen de **cimarron.**

> Ces nobles bêtes, qui étaient des mustangs presque indomptés, ressemblaient à s'y méprendre aux chevaux des Apaches.
> Gustave Aimard, *Le Chercheur de pistes.*

Onagre

Du grec *onagros*, de *onos*, « âne » + *agrios*, « sauvage »
(1778); âne sauvage d'Asie, de grande taille. Il porte
divers noms : **shigtaï** en Mongolie, **koulan** chez les
Kirghiz, **kiang** au Tibet, etc.

Tarpan

Mot kirghiz (vers 1776); cheval sauvage, de petite taille
mais robuste, vivant jadis dans les steppes d'Ukraine (il a
à peu près disparu). Il était pourvu d'un large museau et
d'une courte crinière.

Zèbre

De l'espagnol et portugais *zebro*, *zebra*, l'origine véritable
étant inconnue (1610); animal pittoresque, connu pour sa
crinière droite et courte, sa queue d'âne, ses rayures... et
sa vélocité (le français dit : *filer comme un zèbre*). Ce mot
désigne chez nous un individu quelque peu bizarre (*un
drôle de zèbre*) et, plus récemment, a été employé pour
parler des homosexuels masculins : *Les Zèbres* est le titre
d'un roman de Jean-Louis Bory qui évoque ce sujet.

Les Mammifères marins

Siréniens

Dugong

Du malais *duyung* (1756); animal vivant dans tout l'océan Indien. Sa taille atteint cinq mètres; il ressemble à la baleine. On en tire de l'huile, et sa chair est excellente.

> Ce dugong, qui porte aussi le nom d'halicore, ressemblait beaucoup au lamantin. Son corps oblong se terminait par une caudale très allongée et ses nageoires latérales par de véritables doigts. Sa différence avec le lamantin consistait en ce que sa mâchoire supérieure était armée de deux dents longues et pointues, qui formaient de chaque côté des défenses divergentes.
>
> Jules Verne, *Vingt mille lieues sous les mers.*

Lamantin

Du galibi (groupe caraïbe) *manati*, « mamelle » (1640), avec une influence probable du verbe se *lamenter*, en raison du cri étrange de cet animal; gros mammifère indolent et herbivore, qui peuple les zones côtières et les fleuves de l'Atlantique tropical. Il se nourrit de graminées et de jacinthes d'eau. Pourvu de seins ressemblant à ceux des femmes, il est sans doute à l'origine du mythe antique des Sirènes.

> Clarence tressaillit au souvenir des femmes-poissons. « Des lamantins! Ce sont tout bonnement des lamantins que tu as vus! avait dit Baloum. Je me demande comment tu pouvais tant t'effrayer pour de simples lamantins.
>
> Camara Laye, *Le Regard du Roi.*

Cétacés

Baleine

Du latin *balaena* emprunté au grec *phalaina* (1080).

Cachalot

Du portugais *cachalote*, « poisson à grosse tête » (1751).
Baleine et *cachalot* sont des termes tellement connus et
banalisés, que nous ne les citons ici que pour mémoire.
Nous nous attarderons davantage sur des espèces plus
« curieuses ».

Bel(o)uga

Du mot russe *belyi*, « blanc » (1775); animal proche du
narval, bien qu'on l'appelle souvent *baleine blanche* ou
dauphin blanc. On donne souvent le nom de *belouga*
(notamment en Bretagne) à de gros poissons de mer qui
ne sont pas des cétacés.

> Et ainsi s'ajouta au répertoire des contes, en Acadie, cette
> nouvelle version de la Baleine blanche que se sont passée
> les Bélonie devant l'âtre.
>   Antonine Maillet, *Pélagie-la-Charrette*.

Jubarte

Du moyen français *gibbar*, du latin *gibbus*, « bosse », par
l'anglais (1665); grande baleine cosmopolite, à bosse et à
immenses nageoires pectorales.

Marsouin

Du scandinave *marswin*, de *mar*, « mer » + *swin*, « cochon » (début du 11e siècle); petit cétacé d'environ deux
mètres de long, grand voyageur et migrateur, qui semble
batifoler dans l'eau comme le dauphin.

> Des lueurs verdâtres comme d'énormes serpents montent
> des profondeurs en spirales capricieuses et émergent en
> soufflant : ce sont des marsouins.
>   Henri de Monfreid, *Les Secrets de la mer Rouge*.

Narval

De l'islandais, par le danois (début du 17ᵉ siècle); il vit dans la zone arctique de l'Atlantique. Pourvu d'une longue incisive torse en ivoire, qui peut atteindre deux mètres, on l'appelle aussi **unicorne** ou **licorne de mer**. Il fournit une huile appréciée.

> Le narval est armé d'une sorte d'épée d'ivoire, d'une hallebarde, suivant l'expression de certains naturalistes. C'est une dent principale qui a la dureté de l'acier.
> Jules Verne, *Vingt mille lieues sous les mers*.

Orque

Du latin *orca* (1560); mammifère nommé aussi **épaulard**, de mœurs assez carnassières. Il vit dans les mers froides du Nord.

Rorqual

De l'ancien norvégien *raudh*, « rouge » + *hwalr*, « baleine » (1808); énorme cétacé appelé également **balénoptère**. Il a une petite tête, une nageoire dorsale et un ventre plissé de sillons, trois traits qui l'opposent à la baleine.

Les Édentés

Aï

Mot tupi-guarani (1558); animal sud-américain, arboricole, appelé aussi **paresseux à trois doigts**. Il vit suspendu la tête en bas et accomplit toutes sortes de mouvements avec une grande lenteur. Il résiste très longtemps au curare.

Pangolin

Du malais *panggoling*, « celui qui s'enroule » (1561); appelé aussi **manidé**, cet animal très étrange a le corps couvert d'écailles cornées et imbriquées. Il vit en Asie et en Afrique et se nourrit de fourmis, de termites, etc.

> Le pangolin ressemble à un artichaut à l'envers avec des pattes, prolongé d'une queue à la vue de laquelle on se prend à penser qu'en effet, le ridicule ne tue plus.
> Pierre Desproges, *Dictionnaire superflu à l'usage de l'élite et des biens nantis.*

Tamandua

Mot tupi, par le portugais (1603); animal très voisin du tamanoir, mais de taille moitié moindre et pourvu d'une queue préhensile, sans crinière. Il vit en Amérique du Sud (comme le suivant).

Tamanoir

Du caraïbe *tamanoa*, même racine que le mot précédent (1763); animal de grande taille, dit aussi **grand fourmilier**. Totalement dépourvu de dents, il cueille ses proies (fourmis et termites) à l'aide de son long museau conique et de sa langue qui est une sorte de long lacet gluant. Il porte une grande queue velue, comme un panache. Robert Desnos, dans ses *Chantefables*, a brossé de lui un portrait plein d'humour :

Je n'ai pas vu le tamanoir !
Il est rentré dans son manoir,
Et puis avec son éteignoir
Il a coiffé tous les bougeoirs,
Il fait tout noir.

Tatou

Du tupi *tatu* (1555) ; remarquable fouisseur, dont la peau est recouverte de plaques de cuir ossifié (ce ne sont pas des écailles) réparties en trois bandes (*tatou apara* ou *mataco*), six (*tatou poyou*, le plus répandu) ou neuf bandes, voire davantage (*tatou cabassou*). Tous vivent en Amérique du Sud. Après la fécondation, l'œuf donne de quatre à douze embryons, phénomène très curieux chez un mammifère.

Unau

D'une langue indienne du Brésil (1614) ; variété de paresseux, à deux griffes (voir *aï*, p. 117).

Les Marsupiaux

Bandicoot

Du telugu *pandi koku*, « cochon-rat », par l'anglais (20ᵉ siècle); marsupial d'Australie et de Nouvelle-Guinée, omnivore et chassant au crépuscule. Sa poche s'ouvre vers l'arrière, à la différence du kangourou.

Kangourou

D'une langue indigène d'Australie, par l'anglais (1774); le plus populaire des marsupiaux, (animaux chez qui la femelle est pourvue d'une poche ventrale). Il vit sur le continent australien. Grand herbivore plantigrade, d'attitude bipède, il saute à l'aide de ses fortes pattes postérieures, sa queue épaisse lui servant de balancier.

> Les deux amis, battant les buissons, firent lever une troupe de kangourous, qui s'enfuirent en bondissant sur leurs pattes élastiques.
> Jules Verne, *Vingt mille lieues sous les mers*.

Koala

D'une langue indigène d'Australie (1827); animal sans queue, arboricole, nocturne, ressemblant à un petit ours à fourrure grise et laineuse. Il vit dans les eucalyptus, la mère portant son petit sur le dos. On l'appelle aussi *phalanger*.

Opossum

De l'algonquin *opposson* (1640); petit marsupial australien, mais aussi américain. C'est un omnivore à tendance carnassière, la plus commune des sarigues. Il a de nombreux petits qu'il transporte sur son dos.

> L'oppossum [*sic*], qui de prime abord semble presque dénué de toute sagacité, est un des animaux les plus rusés qui existent; il a entre autres moyens de défense celui d'imiter le mort avec une perfection telle que souvent l'ennemi auquel il a affaire s'y laisse prendre.
>
> Gustave Aimard, *Le Chercheur de pistes*.

On disait autrefois, en Amérique du Nord, *to play opossum* au sens de « faire le mort ». Un autre nom de cet animal, dont la fourrure est très recherchée, est *(rat) manicou*, de *Manicouagan*, nom d'une rivière du Québec.

> Il ouvrait des yeux vifs et fureteurs de manicou aux aguets.
>
> Simone Schwarz-Bart,
> *Pluie et vent sur Télumée Miracle*.

Polatouche

Du polonais *polatucha* (1761); sorte d'écureuil volant d'Eurasie ou d'Amérique du Nord, qui peut planer d'un arbre à un autre, grâce à sa queue très fournie, parfois à une véritable membrane qui le transforme en « deltaplane ». On l'appelle aussi *pétauriste*, du grec *petauristêr*, « danseur de corde », ou encore *tahuan* (ou *taguan* chez Buffon) pour une espèce vivant dans les îles de la Sonde et de Malacca.

Pottoro ou Potorou

Mot de Nouvelles-Galles du Sud, en Australie, (1827); kangourou de la taille d'un rat, à queue écailleuse et préhensile. Il vit dans de profonds terriers.

Sarigue

Du tupi, par le portugais *sarigué* (1578); nom générique des marsupiaux américains, dont l'espèce la plus connue est l'*opossum de Virginie*; la **sarigue d'Azara** ne vit qu'en Amérique du Sud.

Wallaby

Mot indigène australien, par l'anglais (1895); kangourou de la taille d'un grand lièvre. On donne aussi ce nom à la fourrure de l'*ondatra* (voir p. 98).

Wombat

D'une langue indigène d'Australie, par l'anglais (1807); gros marsupial sans queue, aux membres courts et aux pattes fouisseuses, avec lesquelles il se creuse des terriers. Proche des rongeurs, c'est un herbivore.

Nous terminerons cette revue des mammifères par une effrayante évocation : le **yéti.** Ce mot tibétain désigne un animal anthropomorphe imaginaire, qui hante fantasmatiquement les neiges éternelles de l'Himalaya et qu'on appelle également – faut-il dire : familièrement? – l'**Abominable Homme des neiges**...

Les Passereaux
(latin *passer*, « moineau »)

Leur classification est très difficile, car ils comportent plusieurs milliers d'espèces; ce sont généralement des chanteurs, à petit bec. Ils se nourrissent d'insectes, de graines ou de fruits.

Cacique ou Cassique

Du caraïbe, par l'espagnol (1803); emploi métaphorique d'un mot désignant un chef Indien (voir p. 252) et qui réfère ici à un oiseau d'Amérique au chant mélodieux, au bec pointu et robuste. Il se nourrit de fruits et de nectar et se construit des nids en fibres de palmiers. L'espèce la plus grande est le *montezuma.*

Cotinga

D'un dialecte amérindien (1765); nom donné à diverses espèces de petits oiseaux frugivores d'Amérique centrale et du Sud. Le *cotinga* a un très beau plumage, notamment celui dit *à collier.* Une espèce très voisine est l'*oiseau-ombrelle.*

Guid-guid

Onomatopée (se prononce *ghi-ghi*); petit oiseau de plumage bleu et mauve, qui gratte le sol à la manière des poules pour chercher sa nourriture. Il a un cri de ventriloque, qui ressemble à l'aboiement d'un chien. On le trouve en Patagonie, comme le *tapacolo* (mot espagnol : « tape-cul »), dont la queue est bizarrement repliée vers l'avant.

Manakin

Mot indigène, déjà chez Buffon (vers 1770); sorte de mésange américaine, au très beau plumage. Lors de la parade nuptiale, le mâle danse devant la femelle... qui siffle! Aussi appelle-t-on également ce bel oiseau *danseur* ou, au Brésil, *fandango.* Une autre espèce est le *tijé,* noir et bleu, à crête écarlate.

Mainate

Du malayalam *mannattan,* par l'indo-portugais *mainato,* « homme qui lave le linge des autres », parce que cet oiseau se trouve souvent au bord des rivières (1775); oiseau frugivore originaire de Malaisie, très doué pour reproduire la parole humaine. Noir, il porte des caroncules jaunes en arrière des yeux. On l'appelle parfois *religieux;* il s'apprivoise très facilement.

Quiscale

Du latin scientifique moderne *quiscalus,* d'origine inconnue (1808); gros passereau américain à plumage noir ou sombre et à queue en éventail. Il fait des dégâts dans les champs cultivés et les jardins.

Shama

Mot hindi, par l'anglais (1933); oiseau de l'Inde et de l'Indonésie à plumage blanc, roux et noir. On l'appelle aussi *merle des roches.*

Tangara

Mot tupi (1614); oiseau d'Amérique du Sud aux couleurs très brillantes.

Yipéru

Mot guarani; oiseau d'Amérique du Sud ressemblant à l'hirondelle par sa longue queue fourchue.

Les Coraciadiformes
(du grec *korax,* « corbeau »)

Trochilidés (grec *trokhilos,* « roitelet »)

Bengali

Mot hindi (1760); petit oiseau granivore aux couleurs vives, dont certaines espèces viennent d'Afrique occidentale, d'autres de l'Inde. On l'élève souvent en cage.

> Des arbres vraiment terrestres, et non plus ces éternels mangliers, sont remplis de perruches jaunes et vertes et de bengalis familiers, qui volent autour de nous comme de grosses mouches.
>> Henri de Monfreid, *Les Secrets de la Mer Rouge.*

Colibri

Mot antillais (1640); autre nom des **oiseaux-mouches** (proches des martinets); on les rencontre dans toute l'Amérique. Les Brésiliens les nomment *baija-flor,* « baise-fleur ». Leur plumage est très coloré. Il en existe plus de 300 espèces.

> Il y a des plumes pourpres qui sont des palmes, des bulles bleues qui sont des fruits, et les colibris fendent l'air en chantant.
>> Roland Dorgelès, *Partir.*

Souimanga

Mot malgache (1770); petit oiseau d'Afrique au bec long et recourbé, au plumage riche et brillant. On le confond parfois, à tort, avec le colibri, qui est exclusivement américain. Il se nourrit de nectar et d'insectes, et se fabrique des nids suspendus.

Pics

Calao

Mot malais (1778); oiseau tropical au bec énorme (parfois double : cas du *calao rhinocéros*). Végétarien et insectivore, il vit au Sahara et en Asie du Sud-Est. La femelle, quand elle a pondu ses œufs, est murée dans son nid et nourrie par le mâle jusqu'à la naissance des petits. Cet oiseau est consacré à Vishnou, dans l'Inde.

> Très haut, dans les dentelles d'orchidées et de fougères-mousse, des calaos double-bec lançaient leur « cat-cat » grinçant.
>
> Jean Hougron, *Soleil au ventre.*

En Afrique orientale, une espèce au bec rouge est appelée *tok* (onomatopée).

125

Couroucou

Du tupi *curucui* (onomatopée); oiseau arboricole et omnivore d'Afrique, d'Asie ou d'Amérique. Son plumage est coloré, son bec court et large. On l'appelle également **jacamar** ou **pompéo.** Il en existe 35 espèces, dont le fameux **quetzal** des Aztèques, divinité de l' « oiseau-soleil » aux très vives couleurs (vert, écarlate et noir). Il est devenu l'emblème du Guatémala.

> « Notre chef a envoyé les quetzals, qui sont aussi beaux que les oiseaux-songes », répondit en souriant le conservateur du musée.
>
> André Malraux, *Antimémoires.*

Toucan

Du tupi *tucano,* du Brésil (1557); oiseau à plumage sombre et à bec énorme, mais léger. Il est arboricole et frugivore.

> Des perroquets passent très haut, des toucans traversent plus bas, d'un vol ondoyant, pareils, dans leur plumage exactement colorié, avec leur plastron jaune, leur habit noir aux parements rouges et le sabre de leur gros bec, à des officiers qui, le matin, dans une capitale, vont prendre leur service au Palais.
>
> Abel Bonnard, *Océan et Brésil.*

Cypsélidés (martinets et engoulevents)

Guacharo

Mot espagnol; oiseau qui vit dans le Nord de l'Amérique du Sud. Nocturne et frugivore, il se déplace selon la même technique que les chauves-souris. Son nid est fait de végétaux pourrissants et de déjections.

Ibijau

D'une langue indigène de Guyane ou du Brésil; oiseau nocturne de la taille d'un grand corbeau. Il se nourrit d'insectes et de grands papillons. Sa femelle pond un œuf unique, sur la souche d'un arbre.

Salangane

Du malais *sarang,* « nid » (1778); oiseau insectivore, proche du martinet, vivant en Asie du Sud-Est. On l'appelle également *collocale* (fém.) La salangane niche dans les falaises ou dans les grottes et construit avec sa salive des nids appréciés dans la cuisine chinoise sous le nom de *nids d'hirondelle.*

Perroquets

Ara

Mot tupi (1558); gros oiseau d'Amérique tropicale, à longue queue, à bec crochu et puissant. Il est paré de vives couleurs.

> Une fumée claire qui joue dans l'altitude avec les rayons du matin où passent des aras par couples jacassant, tordant leur cou pour regarder en bas leurs frères humains.
> Jean Monod, *Un riche cannibale.*

Cacatoès

Du malais *kakatuwa,* par le portugais ou l'allemand (1659); perroquet d'Océanie à queue courte et huppe érectile.

> Ils caquetaient en compagnie de perruches de toutes couleurs, de graves cacatoès, qui semblaient méditer quelque problème philosophique.
> Jules Verne, *Vingt mille lieues sous les mers.*

Dans le vocabulaire de la marine, le cacatoès a donné son nom, sous la forme *cacatois,* à une voile carrée, placée au-dessus de celle que l'on nomme... *perroquet.*

Jacko

Orthographe très variable; probablement onomatopée (1778); perroquet gris à queue rouge de l'Afrique Occidentale, le plus populaire des perroquets (on en trouve aussi dans l'île Maurice). On connaît la phrase stéréotypée qui renvoie familièrement à cet animal : « As-tu bien déjeuné, Jacquot ? » (il y a dans ce cas une influence évidente du prénom français Jacques).

Lori

Mot malais (1776); perroquet d'Indonésie et de Polynésie au plumage très bigarré. Sa langue en pinceau et son bec assez faible font qu'il se nourrit du nectar des fleurs, de fruits mûrs et de larves molles. Il est souvent élevé en volière.

Cuculidés (les coucous)

Ani

D'une langue amérindienne (20e siècle); espèce de coucou non parasite, insectivore, au plumage noir, vivant en Amérique tropicale. Ses représentants forment des communautés et édifient des nids « collectifs », où les parents pondent et couvent ensemble.

Chaparral

De l'espagnol *chaparro*, « plantation de chênes »; coucou du Mexique, se nourrissant de lézards. Sa poitrine est rayée transversalement, comme celle du coucou d'Europe. Voir aussi p. 32.

Coucal

Onomatopée; coucou non parasite, répandu dans toutes les régions tropicales de l'Ancien monde. C'est un oiseau prédateur, qui vit dans les fourrés. Le *coucal-faisan,* aux allures de gallinacé, est pourvu d'une queue à longues plumes.

Touraco

Mot indigène; oiseau africain frugivore au plumage rouge et vert, à huppe érectile. Il est pourvu d'un bec fort. Le carmin de ses ailes rondes déteint à l'eau, mais se reconstitue à sec! La *turacine* dont elles sont couvertes contient du cuivre.

Les Charadriiformes
(du grec *kharadrios,* « pluvier »)

Agami

Mot caraïbe (1664); curieux échassier au plumage noir, ne volant guère, répandu au Nord de l'Amazonie. On l'appelle *oiseau-trompette* pour son cri éclatant, partiellement ventriloque. Les Indiens l'apprivoisent pour faire régner l'ordre dans leurs basses-cours.

Dronte

Mot d'un parler de l'Océan indien, par le hollandais (1663); gros oiseau à l'allure de pigeon, mais à bec fort et crochu, incapable de voler, qui fut exterminé au 18ᵉ siècle par les voyageurs et marins. Son nid consistait en un grossier tas de feuilles. On l'appelait également *dodo,* du portugais *doido,* « sot, fou » ou du hollandais *dodaerss.* Il était répandu dans les îles Maurice et de la Réunion.

Goura

Du javanais *gora,* « tonnerre » (1776); gros pigeon bleu de Nouvelle-Guinée, à la huppe en éventail. Il a les mœurs du faisan.

Hocco

Du caraïbe *hokko* (1745); oiseau d'Amérique tropicale, au plumage sombre; il porte une longue queue et une huppe cornée. Sa chair est excellente. Arboricole, il ne se reproduit pas en captivité, mais on fait parfois couver ses œufs par des gallinacées domestiques. À Cayenne, on lui donne le nom d'*oiseau-pierre.*

Tinamou

Du caraïbe *tinamu* (1741); oiseau granivore d'Amérique tropicale, à allure de perdrix, mais ne pouvant faire que de petits vols. L'œuf, lisse et brillant, ressemblant à de la porcelaine, est couvé sur le sol par le mâle. Le tinamou est un gibier recherché.

Les Falconiformes
(rapaces diurnes)

Caracara ou Carancho

D'une langue indigène; oiseau criard, mangeur d'immondices, voisin de l'*urubu.* Il est un peu l'équivalent sud-américain du corbeau et de la pie d'Europe.

Condor

Du quechua *kuntur* (1598); charognard nauséabond, qui peut atteindre trois mètres d'envergure. De couleur noire et blanche, c'est un admirable voilier; il attaque les animaux malades ou blessés, mais se nourrit principalement de charognes. Il vit dans la Cordillère des Andes et au Mexique.

Urubu

D'un mot tupi (1770); oiseau de petite taille, appelé également *busard-dindon, corbeau-charognard* ou encore *gallinazo* par les hispanophones. C'est un grand nettoyeur, hardi et toujours affamé.

> Les urubus noirs à tête écailleuse, les charognards aussi familiers que des poules.
>
> Georges Bernanos, *Les Enfants humiliés.*

Les Ansériformes
(du latin *anser*, « oie »)

Chauna

Du grec *khaunos*, « vaniteux »; grand oiseau à bec de poule, à forte huppe. Il vit en Argentine dans les régions de lagunes et nage très bien, car il est pourvu de « sacs à air », situés sous sa peau. Son nid, souvent fait sur l'eau, ressemble à une aire de rapace.

Cacaoui

Mot algonquin (1672); canard sauvage de Terre-Neuve et du Canada.

Eider

De l'islandais *aedur* (1763); gros canard marin qui vit en colonies et se nourrit de coquillages. Son duvet très léger a de grandes capacités d'isolation (voir ***édredon,*** p. 190).

> Si je te disais que tu ne peux pas marcher cent mètres à terre sans trouver des renards, des canards, des eiders avec quoi qu'on fait les édredons.
>
> Roger Vercel, *Au large de l'Eden.*

BOUÉE POLAIRE

Les Galliformes

(du latin *gallus,* « coq »)

Dinde

De « poule d'Inde » (1542); au 14ᵉ siècle, on appelait **poule d'Inde** la *pintade,* le mot « Inde » désignant alors l'Abyssinie, où cet animal se trouvait à l'état sauvage. Lorsque les Espagnols découvrirent le Mexique (les « Indes » occidentales), on utilisa **poule d'Inde, coq d'Inde** pour désigner la dinde et le dindon. On rencontre ces expressions notamment chez Rabelais, dans *Gargantua.*

Faisan

Du grec *phasianos,* oiseau originaire de Phase, en Colchide. Gallinacé originaire d'Asie qui peut mesurer jusqu'à 2 mètres, au plumage éclatant et à la chair très appréciée. Le faisan *criaille.* Le *faisan,* un individu un peu louche, tire son origine du mot « faiseur ».

Les Ciconiiformes
(du latin *ciconia*, « cigogne »)

Jabiru

Du tupi, par l'anglais (1765); grande cigogne à gros bec, au cou bleu, au plumage noir et blanc. Le jabiru vit dans les zones tropicales d'Afrique, d'Amérique et d'Indo-Australie. Très habile, il projette sa proie en l'air et la rattrape au vol.

Kamichi

Mot indien du Brésil; oiseau à longues pattes, bon nageur et bon voilier. Il vit dans les forêts inondées d'Amazonie, se nourrit d'insectes et de végétaux aquatiques. Son nid est fait de roseaux. C'est un animal proche de l'*agami* et du *cariama.*

Phaéton

Nom grec, mythologique, du fils du dieu Soleil Apollon (1780); bon voilier des mers tropicales, de plumage blanc rosé, nichant sur les falaises. Il porte deux très fines et longues plumes au croupion, d'où son autre nom de *paille-en-queue.*

> On voit seulement planer dans les gorges, à d'effrayantes hauteurs, le phaéton, un petit oiseau blanc qui porte à la queue une longue plume blanche ou rose.
> Pierre Loti, *Le Mariage de Loti.*

> Nous allons tous les jours, attirés par la vallée sombre de Mananava, là où vivent les pailles-en-queue qui tournoient très haut dans le ciel.
> J.-M.-G. Le Clézio, *Le Chercheur d'or.*

Les Ratites

Le mot vient du latin *ratis,* « radeau ». Cette métaphore désigne le sternum plat de ces oiseaux, qui ne volent pas, ou volent très mal.

Casoar

Du malais *kasuvari,* par l'anglais (1733); grand oiseau coureur d'Océanie, à plumage noir et à barbillons. Cet herbivore habite les forêts, et niche à terre, où il pond de gros œufs verts. Les plumes qui ornent le **shako** (voir p. 204) des Saint-Cyriens ne proviennent pas du casoar.

Émeu

Mot indigène des îles Moluques (1605); oiseau végétarien de grande taille qui vit dans les prairies d'Australie. Animal doux et sociable, dont le cri étrange évoque un roulement de tambour. Ses ailes sont rudimentaires.

Kiwi

Mot maori (1842); oiseau presque dépourvu d'ailes, de la taille d'une poule. La femelle pond un œuf énorme, qui pèse le quart de l'animal adulte. Ce ratite nocturne, à l'odorat très aiguisé, vit dans les forêts de Nouvelle-Zélande, dont il est devenu l'emblème à partir de la Grande Guerre. C'est en raison d'une certaine analogie de couleur et de forme qu'on a baptisé **kiwi** le fruit de l'actinidia, très riche en vitamines A, C et P.

Nandou

Du guarani *nandu* (1816); gros oiseau coureur à plumage brun des pampas d'Amérique du Sud. Plus petit que l'autruche, il vit en harems, pond dans les nids « communautaires » et devient facilement domestique. On recueille volontiers ses œufs, qui font d'excellentes omelettes.

Les Sauriens ou lézards

Agame

Du grec *agamos,* « non marié » (1805); genre de lézard africain insectivore ou hervibore vivant à proximité des villages; parmi ses espèces, on note le ***margouillat,*** à la livrée multicolore.

> Dans son grand salon colonial qui ouvre sur la terrasse, où passent, furtifs, des margouillats, il nous parle avec scepticisme de la métamorphose de l'ex-administrateur des colonies.
>
> Pierre et Renée Gosset, *L'Afrique, les Africains.*

On trouve au Moyen-Orient une espèce appelée ***stellion*** (latin *stellio,* de *stella,* « étoile »), à cause de la forme de ses taches dorsales.

Anoli(s)

Mot caraïbe (20e siècle); lézard de petite taille, d'Amérique tropicale. Cette famille comprend aussi le superbe ***basilic*** vert du Guatemala.

> Celui qui n'était pas encore Ozonzo [...] avait chassé les tourterelles et piégé les gros anolis violets (dont la race devait dégénérer au cours du temps jusqu'à n'offrir à la fin que ces délicats lézardons vert pâle qui n'effraient plus même une mouche).
>
> Édouard Glissant, *La Case du commandeur.*

Caméléon

Du grec *khamaileôn,* de *khamai,* « à terre » + *leôn,* « lion » (12e siècle); très curieux animal qu'on trouve essentiellement en Afrique et à Madagascar, un peu en Asie. Il est capable d'une parfaite et très longue immobilité; sa langue, aussi longue que son corps, se projette brusquement en avant sur les proies qu'elle englue. Ses yeux sont complètement indépendants l'un de l'autre et d'une mobilité telle que l'animal peut regarder *derrière* lui. Il subit plusieurs mues par an, et ses changements de couleur, bien connus, mais toujours difficiles à expliquer scientifiquement, ont donné naissance en français, de bonne heure, à une métaphore stigmatisant la versatilité et l'opportunisme.

> Peuple caméléon, peuple singe du maître.
>
> La Fontaine,
> *Les Obsèques de la lionne.*

Gecko

Du malais *gekoq* (1768); lézard d'Asie du Sud-Est, à la tête large et aplatie, aux pattes garnies de ventouses lui permettant de « marcher la tête en bas ». Il se nourrit de mouches et d'insectes qu'il attrape avec sa langue molle. Sa taille peut atteindre trente-cinq centimètres. Il est doué de la même curieuse homochromie (changement de couleur lié à l'environnement) que le **caméléon.** On l'appelle également *tokay.* Une espèce européenne, la *tarentole,* vit sur le pourtour de la Méditerranée.

Gila

Nom d'un désert américain situé au sud-ouest de l'Arizona; le gila, ou **monstre de Gila,** est un animal repoussant, à la grosse queue en massue. Son venin est très dangereux. Il sent fort, siffle et émet une bave répugnante.

Hatteria

Mot indigène (1908); gros lézard nocturne qui vit dans la région du détroit de Cook. Résistant aux basses températures, et de corps trapu, il se nourrit de petits invertébrés. On le dénomme, en Nouvelle-Zélande, **tuatara.**

Iguane

De l'arawak, par l'espagnol (1658); nom donné à de nombreux lézards de grande taille (jusqu'à deux mètres!) à la chair très appréciée. Ils sont adaptés soit à la vie désertique soit à la vie aquatique.

> Des iguanes à longue queue rutilante plongeaient dans des trous d'eau d'un vert éclatant qui surprenaient au milieu de toute cette boue putréfiée.
>
> Jean Hougron, *Soleil au ventre.*

C'est cet animal qui fournit le cuir appelé en maroquinerie *lézard.*

Téju

Mot indigène d'Amérique du Sud; grand lézard bleu-noir des Antilles et d'Amérique du Sud, carnassier redouté des basses-cours. Il peut mesurer un mètre de long. Son nom courant est **sauvegarde,** son appellation générique **tupinambi** (mot tupi, voir **topinambour,** p. 65).

> Heureux encore quand nous avons réussi à tirer un perroquet étique ou à capturer un gros lézard tupinambi pour le faire bouillir dans notre riz.
>
> Claude Lévi-Strauss, *Tristes Tropiques.*

Les Ophidiens ou serpents

Anaconda

Mot d'origine cingalaise ou brésilienne (1845); grand serpent constricteur vivipare atteignant six mètres de long. Il vit en Amérique du Sud tropicale et se nourrit des animaux qui fréquentent les bords des fleuves.

Boa

Mot latin qui désignait d'abord un serpent de nos latitudes, non identifié (1372); aujourd'hui, serpent tropical non venimeux, semi-arboricole; sa longueur varie de deux à six mètres.

> J'étais devenu, vénal, leur providence locale, leur permettant de photographier ou de filmer le pygmée ou le singe se balançant sur sa branche, le boa dilaté par sa pénible digestion.
>
> Ferdinand Oyono, *Chemin d'Europe.*

Cobra

Du portugais *cobra capelo,* « couleuvre à chapeau » (16e siècle); ce serpent venimeux peut renfler son cou, lequel porte un dessin qui rappelle une paire de lunettes. Aussi le nomme-t-on couramment **serpent à lunettes.** C'est le seul serpent à venin qui puisse être relativement « apprivoisé » par les charmeurs de serpents. On le rencontre surtout en Inde.

Crotale

Du grec *krotalon* (1806); serpent d'Amérique extrêmement venimeux, dont la queue comporte, à son extrémité, un ensemble d'étuis cornés avec lesquels il peut produire un bruit de crécelle, d'où son autre nom de **serpent à sonnettes.** Le mot *crotale* désignait à l'origine un instrument de musique grec, sorte de cliquette utilisée dans les cérémonies du culte de Cybèle, déesse de la Terre.

Naja

De l'hindi *nagha* par le hollandais (1734); autre nom du
cobra.

> On avance malgré tout en hésitant, avec l'horreur de sentir
> subitement sous son pied le corps fuyant d'un **naja.**
>> Roland Dorgelès, *Partir.*

Python

Mot grec, nom propre qui désignait le serpent fabuleux
tué par Apollon (1803); grand serpent constricteur,
ovipare et nocturne, répandu dans toute l'Afrique, l'Asie
du Sud-Est et l'Océanie. Selon les espèces, sa taille varie
de 2 à 10 mètres. Il se nourrit de petits mammifères et de
proies aquatiques. Sa peau est très appréciée en maroquinerie.

Les Chéloniens ou tortues

Caouane

D'une langue des Caraïbes (1643); tortue carnivore des
eaux tropicales ou tempérées chaudes. Sa longueur peut
dépasser un mètre.

Caret

Mot caraïbe, ou malais *karah*, par l'espagnol (1640); nom
d'une tortue réputée pour son écaille; on l'appelle aussi
tortue caret ou **tortue à écaille.** Elle est en voie de
disparition.

> Le caret qui fournit la blonde écaille de leurs peignes aux
> élégantes mondaines.
> Gustave Le Rouge, *La Conspiration des Milliardaires.*

Matamata

Mot espagnol d'Amérique du Sud (20ᵉ siècle); tortue des
eaux douces de la Guyane. Elle se tient à l'affût dans la
vase et aspire avec une sorte de trompe les petits animaux
aquatiques qui passent devant elle. Son corps, très laid,
est hérissé d'excroissances charnues.

Les Crocodiles

Alligator

Altération de l'espagnol *el lagarto*, « le lézard », par l'anglais (1663); reptile à tête large et aplatie, qui vit surtout en Amérique (il est dit « à museau de brochet ») ou en Chine (espèce plus petite). Il atteint une longueur de quatre mètres. On l'élève souvent dans des fermes, pour obtenir le *crocodile* des maroquiniers.

> Quelques alligators, nonchalamment étendus dans la vase du fleuve, séchaient leurs écailles au soleil.
> Gustave Aimard, *Le Chercheur de pistes.*

Les Acadiens de Louisiane l'appellent **cocodrie** (il faut noter qu'en France, le nom du crocodile était, jusqu'au 17ᵉ siècle, **cocodrille**).

Caïman

Du caraïbe *ayacouman* (1584); crocodilien d'eau douce, assez indolent et peu dangereux pour l'homme, se nourrissant surtout de mollusques, de crustacés et de poissons. On le trouve dans le bassin de l'Amazone, mais aussi en Afrique. L'espèce appelée **jacara** peut dépasser six mètres de long.

> Les bêtes les plus bêtes des bêtes qui volent, marchent et nagent, vivent sous la terre, dans l'eau et dans l'air, ce sont assurément les caïmans qui rampent sur terre et marchent au fond de l'eau.
> Birago Diop, *Les Contes d'Amadou Koumba.*

Crocodile

Du grec *krokodeilos,* qui désigne d'abord un lézard (12ᵉ siècle); reptile semi-aquatique. Ovipare, il abandonne ses œufs une fois pondus, aussi son taux de reproduction est-il faible. Il se nourrit de charognes ou de proies vivantes, aquatiques ou terrestres. Sa quatrième dent inférieure est visible de l'extérieur même lorsqu'il a la gueule fermée. Dix espèces de crocodiles sont réparties dans le monde entier (Nil, Inde, etc.).

Gavial

De l'hindi *gharviyal* (1789); grand crocodile des fleuves de l'Inde, non dangereux malgré sa taille impressionnante (six à sept mètres). Il se nourrit de poissons, de charognes et d'oiseaux. Son museau est très allongé.

LES BATRACIENS

Axolotl

Mot mexicain (1751); animal étrange qui se reproduit à l'état larvaire et le plus souvent n'atteint pas la forme adulte. L'axolotl est très proche d'une salamandre, l'*amblystome tigré*.

Ouaouaron

Mot iroquois, « grenouille verte » (1632); nom local d'une grenouille géante du Canada, dont le cri ressemble à un meuglement. On l'appelle aussi *grenouille mugissante* ou *grenouille-taureau*.

Pipa

Mot de la Guyane hollandaise (1716); crapaud aquatique d'Amérique du Sud, trapu et très laid. La femelle pond des œufs qui s'accrochent sur son dos dans des sortes d'alvéoles. On appelle également cet animal *crapaud de la Surinam*.

LES POISSONS

Achigan

Mot algonquin, « celui qui se débat » (1656); en Amérique du Nord, nom donné à plusieurs poissons, dont la *perche noire.*

Ouananiche

Mot algonquin, « le petit égaré » (1897); nom donné par les Canadiens au saumon d'eau douce (qui « s'égare » en remontant les cours d'eau loin de la mer).

> Il se formait à son estuaire un large remous dans lequel Raoul lança un fil qu'il retira chaque fois avec, au bout, une ouananiche frétillante que Stéphane glissait dans une poche de peau.
>
> Bernard Clavel, *Harricana.*

Piranha (parfois **Piraya**)

Du tupi, par le portugais (1795); poisson des eaux douces d'Amérique tropicale. Il est d'une redoutable voracité et découpe ses proies avec sa denture aiguisée, coupante comme un rasoir. Il se déplace en bancs nombreux, mais peut s'élever en aquarium. On l'appelle aussi *cariba.*

> Sur des centaines de mètres, le fleuve est rouge du sang de l'abattoir. Il suffit de jeter une ligne pour que, sans même attendre l'immersion de l'hameçon nu, plusieurs piranhas s'élancent ivres de sang et que l'un y suspende son losange d'or. Au pêcheur d'être prudent pour détacher sa proie : un coup de dent lui emporterait le doigt.
>
> Claude Lévi-Strauss, *Tristes Tropiques.*

Rémora

Du latin *remora,* « retard », car les Anciens croyaient qu'il était capable de ralentir, voire de stopper les navires (1560); poisson des mers tropicales dont la première nageoire dorsale lui permet de se coller sur un gros poisson, qui le remorque et qu'en échange il débarrasse de ses parasites. On l'utilise sous les Tropiques pour attraper les tortues.

Sterlet

Du russe *sterlyadi* (1575); variété d'esturgeon de la mer du Nord, de la Mer Noire et des fleuves russes. Ses œufs sont accommodés sous le nom fameux de **caviar** (mot turc).

> On eût dit que Rouletabille n'avait pas mangé depuis huit jours. Maintenant il faisait disparaître une magnifique tranche de sterlet de la Volga.
> Gaston Leroux, *Rouletabille chez le tsar.*

Une autre espèce d'esturgeon est le *bielouga* russe – même origine que le *beluga,* voir p. 115).

LES MOLLUSQUES

Cauris

Du tamoul *kauri* (1615); coquillage appartenant à la famille des cyprées, ou porcelaines, à l'aspect lisse et brillant. On l'a utilisé longtemps en Afrique et en Asie comme monnaie.

> Ces marmites avaient toutes des couvercles de tôle et elles étaient richement et curieusement cerclées de chapelets de cauris.
> Camara Laye, *L'Enfant noir.*

Trépang ou Tripang

Mot malais (1770); nom commercial d'une grosse holothurie apode comestible, très appréciée en Extrême-Orient (séchée ou fumée). On l'appelle aussi **biche de mer** ou **bêche de mer**, du portugais *biche,* « bête ».

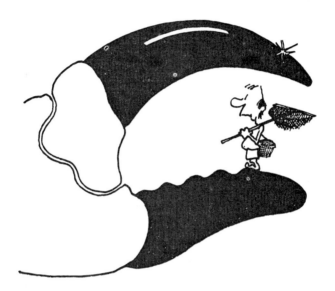

Camaron

Mot indigène, utilisé dans l'océan Indien et dans les îles francophones du Pacifique; crevette de rivière.

> Nous marchons dans le filet d'eau froide, sur les cailloux aigus. Dans les boucles, Denis s'arrête, il scrute l'eau à la recherche des camarons, des écrevisses.
>
> J.-M.-G. Le Clézio, *Le Chercheur d'or.*

Tourlourou

Mot antillais (1686); crabe rouge qui vit dans les bois, au cœur de profonds terriers. Sa chair est très réputée. On a employé ce mot en France pour désigner, par métonymie, certains soldats à l'uniforme rouge.

Ils sont très abondants dans le monde entier, mais portent fort peu de dénominations exotiques, sans doute en raison de leur petite taille qui les rend moins visibles dans la nature, et de leur rôle limité par rapport aux humains. Quant aux parasites, ils portent généralement des noms plus ou moins « savants » (latins ou grecs), répandus dans la plupart des pays et n'ayant rien de spécifiquement exotique ni de pittoresque.

Maringouin

Du tupi *maruim* ou *mbarigui* (1614); nom donné, en Amérique centrale et au Canada, aux cousins et diptères piqueurs apparentés.

> Le tapis des lycopodes souvent recouvert d'aiguilles recelait des légions de minuscules larves de mouches noires, simulies, moustiques et maringouins.
> Bernard Clavel, *Harricana.*

Mygale

Du grec *mugalê*, « musaraigne », de *mus,* « rat » + *galê,* « belette » (1827); grande araignée des régions chaudes (Amérique du Sud, notamment Guyane), hérissée de poils fauves ou bruns. Sa réputation redoutable est quelque peu excessive, néanmoins sa morsure est très douloureuse. Elle vit dans des terriers ou sur sa toile, selon l'espèce.

Tsé-Tsé

D'une langue bantoue (1857); mouche vivipare d'Afrique, du genre *glossine,* qui transmet par piqûre divers trypanosomes. Cet insecte est redouté principalement parce qu'il communique la *maladie du sommeil,* très grave et souvent mortelle. Il vit sur une foule d'animaux sauvages et fuit généralement la couleur blanche.

> Timar, qui savait la rivière infestée de tsé-tsé, avait un sursaut chaque fois qu'un insecte se posait sur sa peau.
> Georges Simenon, *Le Coup de lune.*

Et aussi...

Inca

Mot quechua (voir p. 283); gros scarabée d'Amérique du Sud, de forme carrée, vivant sur les fleurs et d'une teinte brune ou rougeâtre.

Yamamai

Du japonais *jama,* « montagne » + *mayu,* « cocon, ver à soie » (20ᵉ siècle); ver à soie qu'on élève au Japon et qui fournit une soie dorée, très appréciée.

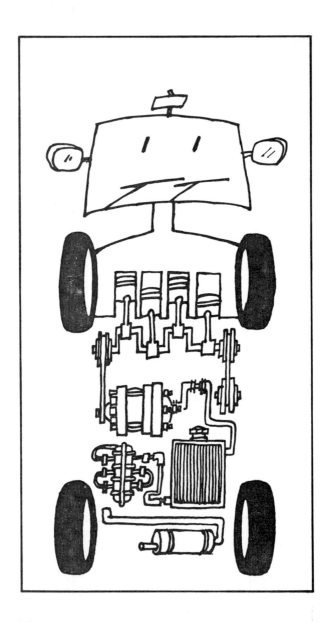

L'Homme
et son corps

Comme toutes les machines, le corps humain consomme de l'énergie, même dans le cas où il est improductif. Son « rendement » est inégal, son activité également. Quoi qu'il en soit, il faut absolument l'alimenter et l'irriguer, sous peine de le voir s'étioler, s'anémier, périr. Une grande partie du genre humain mange mal ou ne mange pas, l'autre partie mange bien, parfois trop bien, souvent très mal aussi d'un point de vue diététique. Quant aux liquides que nous absorbons, il en est une immense quantité qui ont des « vertus » particulières : entre autres celle de nous faire oublier les ennuis et les difficultés de l'existence...

Mais foin des jugements moraux sur la « bouffe » et la boisson! La cuisine française est évidemment (de l'avis des Français) la première du monde et ne saurait être égalée... Cela dit, on grignote tout de même de délicieux plats dans mainte cuisine exotique; les restaurants spécialisés sont nombreux dans les villes de France, et proposent à nos palais des mets et des assaisonnements souvent fort originaux et savoureux. L'immigration a fait connaître et apprécier à beaucoup de nos compatriotes le couscous, la paella, le chili con carne, etc. D'autre part, la littérature francophone nous communique, « lecture aidant », mille recettes alléchantes. Gourmets et gourmands, friands de mots et de (bonnes) choses, à vos fourchettes! Et bon appétit!

L'alimentation solide

Acra

Mot antillais (20e siècle); dans la cuisine créole, boulette faite de morue pilée ou de pulpe de légume, l'une ou l'autre frite dans une pâte à beignet.

> Les vendeuses d'acra, les charroyeuses de tuf, les porteuses de sacs de sucre, les poissonneuses du marché faisaient à Vitorbe une muraille de leurs corps.
> Édouard Glissant, *La Case du commandeur.*

Baba

Mot polonais (1767); gâteau rond, léger et mou, ayant la forme d'une couronne. Il contient des raisins secs et se mange arrosé de rhum. Il est assez voisin du *savarin* (du nom de Brillat-Savarin, célèbre gastronome français).

Blini(s)

Du russe *blin,* pluriel *blini* (1883); crêpe épaisse faite de sarrasin et de froment (avec un peu de levain) servie chaude et nappée de crème aigre et de beurre fondu, souvent en apéritif ou pour accompagner le caviar ou le poisson fumé.

> Quand, à cinq heures et demie du matin, Laurent exigea qu'on lui apportât des blinis et des concombres salés, il lui fut répondu que le cuisinier était allé se coucher.
> Patrick Besson, *Dara.*

Borchtch ou Bortsch

Du russe *borš̃c,* « potage de chou » (1863); soupe à base de légumes, de chou rouge et de betteraves, accompagnés de crème aigre et de bœuf bouilli.

Boucan

Du tupi *mouken,* « viande fumée » (1578); désigne à la fois la viande telle que la préparaient les Caraïbes, et le gril qu'ils utilisaient pour la fumer. Ce mot a donné le verbe **boucaner,** « faire sécher, à la fumée, de la viande ou du poisson » (on retrouve ce procédé dans certaines régions de France).

> Faire sécher la viande exige la construction d'un échafaudage spécial, pour lequel d'autres sapins seront abattus, et encore d'autres, pour servir de combustible. Finalement, les morceaux de choix des caribous découpés en très fines lanières sont exposés sur une claie à la chaleur de la flamme et à sa fumée. La viande ainsi boucanée devient légère et tient très peu de place.
>
> Frison-Roche, *Peuples chasseurs de l'Arctique.*

On désigna sous le nom de ***boucanier*** d'abord un coureur des bois qui, à Saint-Domingue, chassait les bœufs sauvages pour en traiter la viande. Puis le mot s'est appliqué aux aventuriers et écumeurs de mer.

> Les boucaniers, flibustiers ou Frères de la Côte, car ils sont connus sous ces trois dénominations différentes, offrirent au 18e siècle, aux regards curieux et chercheurs des philosophes, le spectacle le plus extraordinaire qui leur fût jamais donné d'étudier.
>
> Gustave Aimard, *Les Frères de la Côte.*

Cari ou **Curry**

Orthographe très variable. Du tamoul *kari*, par le portugais (1602); épice composée de diverses poudres (gingembre, clou de girofle, curcuma, piment, coriandre, etc.). Elle assaisonne des mets préparés à l'orientale (riz, poulet, etc.).

> Pour dîner, la dame nous sert un cari de crabe tout à fait excellent, surtout après l'ordinaire du Chinois du Zeta.
> J.-M.-G. Le Clézio, *Le Chercheur d'or.*

Cassave

Mot haïtien, par l'espagnol *cazabe* (1599); galette faite de farine de manioc.

> Reine sans nom m'envoyait y porter [dans la boutique du père Abel] cassaves, sucres à coco, cornets de kilibibis ou fruits cristallisés en échange d'un peu d'huile, de sel, d'une longe de morue sèche.
> Simone Schwarz-Bart,
> *Pluie et vent sur Télumée Miracle.*

Chachlik ou Chachlyk

Du caucasien *chislik* (1825); spécialité géorgienne, consistant en une brochette de mouton qui a mariné dans un vinaigre épicé.

Chile (ou **Chili**) con carne

Mots hispano-américain: « piment avec viande » (20e siècle); ragoût de bœuf haché et très pimenté, accompagné d'oignons, de haricots rouges, de tomates, avec des graines de cumin. C'est une spécialité mexicaine, qui a fait une « percée » dans la cuisine française vers les années 70.

Chocolat

Du nahuatl, par l'espagnol *chocolate* (1598); produit alimentaire fait de pâte de cacao (voir ce mot, p. 55), de beurre de cacao, additionnés de sucre, de certains aromates et parfois de lait (chocolat au lait). Cette friandise (solide ou liquide) est très appréciée en Europe depuis qu'elle a pénétré en Espagne, au 17ᵉ siècle. Elle entre également dans la composition ou le nappage de nombreux gâteaux.

> La vitrine de la pâtisserie montrait un choix inouï de chocolats, de sucreries compliquées.
> Georges Simenon, *Un Crime en Hollande.*

Chop Suey

Mots chinois (20ᵉ siècle); plat constitué par un mélange de viande (poulet, porc ou bœuf) débitée en lamelles et accompagnée de légumes émincés et sautés. Cette préparation a été inventée par les Chinois émigrés aux États-Unis.

Colombo

Du nom de la capitale du Sri Lanka, anciennement Ceylan (20ᵉ siècle); dans la cuisine antillaise, ragoût fait de volaille, de viande ou de poisson, avec accompagnement d'une épice complexe (anis, coriandre, safran) appelée également *colombo.*

> Il apprit à manger les colombos, qu'elle réussissait tout en Orient, requérant seulement que ce fût avec du cochon.
> Édouard Glissant, *La Case du commandeur.*

Dim Sum

Mots chinois (20ᵉ siècle) : sorte de petit friand – morceau de viande ou de poisson enveloppé dans de la pâte – cuit à la vapeur et généralement servi dans de petits récipients couverts faits de lamelles de bois tressées.

Feijaô

Mot portugais du Brésil, « haricot noir » (1949); ce légume est un composant essentiel du plat national brésilien, la *feijoada,* succulent ragoût de diverses viandes accompagnées – outre les haricots – de riz, de chou, de manioc, d'oranges coupées en rondelles et de piment.

> Deux fois par jour, on s'attablait autour d'un menu immuable consistant en une platée de riz, une autre de haricots noirs, une troisième de farine sèche de manioc, le tout accompagnant une viande de bœuf fraîche ou de conserve. C'est ce qu'on appelle la *feijoada,* de *feijaô,* haricot.
>
> Claude Lévi-Strauss, *Tristes Tropiques.*

Goula(s)ch(e)

Du hongrois *gulyas,* « bouvier », par l'allemand (1893, orthographe variable; masc. ou parfois fém.); spécialité hongroise, consistant en un ragoût de bœuf aux oignons et aux pommes de terre, avec du paprika.

> Un jour, nous sommes entrés dans un restaurant hongrois où nous nous sommes régalés d'un appétissant goulash servi par des jeunes filles en costume hongrois.
>
> Georges Simenon, *Mémoires intimes.*

Gumbo ou Gombo

Du créole acadien, d'après le mot *n'gombo* (20ᵉ siècle) (voir p. 50).

> Le gumbo (ou gombo) est une épaisse soupe (ou ragoût) d'un roux de « févi » de la plante dite gombo (*okra* en anglais). Aux capsules de cette plante, on mêle des crabes, des crevettes, des huîtres et du jambon. Il existe toutes sortes de gumbo. Quelque deux cents recettes : outre celle que je viens d'énoncer, le gumbo au poulet et le gumbo aux saucisses épicées. J'adore ce légume d'origine africaine, un peu gluant et d'une saveur très marquée.
>
> Jeanne Castille, *Moi, Jeanne Castille, de Louisiane.*

Kacha

Mot russe, « bouillie » (1863); plat très populaire en Russie, consistant en une bouillie de sarrasin servie avec un ragoût ou de la crème fraîche; en Pologne, c'est un plat à base de semoule d'orge.

Kachkaval

Du bulgare *kaskaval* (20ᵉ siècle); fromage de brebis très couramment consommé dans les Balkans, cuit dans l'eau et pétri avant d'être affiné.

Kasher

Mot hébreu (1866, orthographe très variable); se dit d'une nourriture conforme aux rites de préparation judaïque de la viande (élimination du sang, ablation du nerf sciatique, etc.), ou encore d'une boutique vendant une telle nourriture.

> Il invitait le jeune homme à partager l'omelette émouvante, les saucissonnettes Kasher qui font si bien rêver au pays.
> André Schwarz-Bart, *Le Dernier des justes.*

Ketchup

De l'hindi *kitjap* ou malais *kêchap,* par l'anglais (1711); adaptation et industrialisation anglaise d'un assaisonnement extrême-oriental assez doux au goût, fait à partir de sauce tomate ou de champignons.

Mil (voir p. 63)

La bouillie de mil fait partie de la nourriture quotidienne de nombreux Africains et porte divers noms : **boté, nak,** etc.

> [Le boté est] une sorte de bouillie blanche obtenue en délayant simplement de la farine de mil dans de l'eau froide. Elle se donne en offrande aux aïeux.
> Antoine Bangui, *Les Ombres de Kôh.*

> [Tyabandao] traite ensuite [sa clôture] comme le support d'une divinité, la recouvre de bouillie de mil sucré, le nak, et de lait offerts en sacrifice.
> Georges Balandier, *Afrique ambiguë*

Nem

Mot chinois (20ᵉ siècle); préparation appelée aussi **pâté impérial,** composée d'une farce de viande, de volaille, de soja et de vermicelle chinois, enveloppée dans une crêpe de riz frite et servie chaude. C'est un plat très fin, courant dans la cuisine orientale (notamment vietnamienne).

Nuoc-Mâm

Mot vietnamien, « eau de poisson » (1837); sauce traditionnelle, très liquide, qui accompagne certains mets orientaux (beignets, nems, etc.). Donnant une agréable saveur aux aliments, cette sauce dégage une odeur assez forte. Elle s'obtient à partir de poissons longuement macérés dans la saumure.

> Je marche encore le long du port dans une odeur d'algues, de nuoc-mâm et de safran.
>
> Raymond Jean, *Le Village.*

Paprika

Mot hongrois, « poivre rouge » (1836); poudre extraite d'un piment rouge et très utilisée en Hongrie. L'une des recettes les plus connues est le **poulet (au) paprika.**

> Préparez une mayonnaise très ferme. Colorez-la avec le paprika et le double concentré de tomate.
>
> Georges Perec, *La Vie mode d'emploi.*

Pemmican

De l'algonquin *pimekan,* « graisse préparée » de *pime,* « graisse », par l'anglais (1836); viande (surtout de bison) séchée, fermentée et pressée, qui entre dans la nourriture des Indiens et trappeurs de l'Amérique du Nord.

> Voyons, paresseux, reprit l'Œil-Sombre en riant, aidez-moi sans cela nous n'en finirons jamais; moi, j'ai des pommes de terre excellentes, une bouteille de bon cognac et du « penn kann » – viande pulvérisée.
>
> Gustave Aimard, *Le Souriquet.*

> On embarqua également une très grande provision de cette préparation indienne nommée pemmican, et qui renferme sous un petit volume beaucoup d'éléments nutritifs.
>
> Jules Verne, *Les Aventures du capitaine Hatteras.*

Pirojki

Mot russe au pluriel (milieu du 20ᵉ siècle); petits pâtés chauds farcis de viande, de poisson, de légumes et qui accompagnent la dégustation du **borchtch** (voir p. 150).

Ramequin

Du néerlandais *rammeken,* « pain grillé » (1654); tarte ou tartelette garnie d'une crème au fromage; dans le Jura, nom donné à une sorte de fondue plus liquide que la fondue morézienne ou savoyarde. Le mot est plus connu comme nom de récipient. A l'origine, ce récipient était le contenant du ramequin.

Sashimi

Mot japonais (20ᵉ siècle); plat typique du Japon, consistant en tranches fines de poisson cru, accompagné de raifort ou de gingembre cru.

Soja ou Soya

Du japonais *soy* ou mandchou *soya* (1842); légumineuse d'Extrême-Orient qui produit une huile alimentaire. Après extraction de cette huile, le végétal est pressé en gâteaux, les *tourteaux,* qui servent à l'alimentation du bétail. On mange également les germes de soja, en salade ou comme accompagnement de certains plats (comme le poulet). Les fanes sont utilisées comme fourrage.

Sukiyaki

Mot japonais (20e siècle); sorte de « fondue » japonaise, composée de lamelles de bœuf et de légumes que l'on cuit par immersion dans un bouillon de bœuf au soja et au sucre.

Tapioca

Du tupi-guarani *tipioca,* de *tipi,* « résidu » + *ok,* « presser » (1651); fécule extraite du **manioc** (voir p. 64) et avec laquelle on fait en France, essentiellement, un potage et des entremets sucrés.

Tofu

Mot japonais (20e siècle); nom du pâté de soja, qui se découpe en cubes et se consomme sauté ou frit.

Yaourt ou Yog(h)ourt

Du bulgare *yaurt,* variante *jugurt* (1923); préparation provenant du lait caillé de vache, après fermentation acide. La France en produit et en consomme beaucoup, surtout depuis la fin de la Seconde Guerre mondiale. Le mot a donné le dérivé *yaourtière,* petit appareil électrique permettant de fabriquer soi-même des yaourts, très économiquement.

Zakouski

Mot russe au pluriel (1913); hors-d'œuvre variés.

> Laissé en face de la table des zakouskis dressée dans le petit salon, le jeune homme paraît uniquement occupé à dévorer, à la cuiller, ce qui reste de caviar dans les pots.
> Gaston Leroux, *Rouletabille chez le tsar.*

L'alimentation liquide

Aguardiente

Mot hispano-américain *agua*, « eau » + *ardiente*, « brûlante » (1858); eau-de-vie consommée en Amérique latine (autrefois également en Espagne).

> Vingt ou vingt-cinq individus, qu'[...] il était facile de reconnaître pour des chercheurs d'aventures, buvaient des torrents d'arguardiente et de pulque en jouant aux cartes.
>
> Gustave Aimard, *Le Chercheur de pistes*.

Aquavit ou Akvavit

Du suédois *akvavit* tiré du latin *aqua vitae*, « eau de vie » (1923); eau-de-vie fabriquée dans les pays nordiques et diversement aromatisée.

> Je découvre dans un intérieur impersonnel un groupe d'ouvriers exclusivement danois, réunis pour jouer aux cartes; on se passe de temps à autre des clichés pornos en se saoulant à l'aquavit et au whisky.
>
> Jean Malaurie, *Les Derniers rois de Thulé*.

Chicha (de muco)

Mots espagnols (20ᵉ siècle); boisson fermentée d'origine péruvienne, à base de maïs en grains.

> Il avait découvert par hasard la boutique de Marco, le métis, qui vendait en fraude de la chicha de muco, de l'alcool de maïs mâché par les Indiennes.
>
> Georges Simenon, *Quartier nègre*.

Curaçao

Nom d'une île des Antilles (1810); liqueur à base d'eau-de-vie, de zestes d'orange amère, et de sucre.

Daïquiri

Nom d'un quartier d'El Caney, ville de Cuba (1954);
cocktail composé de rhum, de citron vert et de sucre.

> Des daïkiris, mélange glacé de rhum Baccardi et de jus
> de petits citrons verts qu'on appelle en Amérique des
> « limes ».
>
> Georges Simenon, *Mémoires intimes.*

Gin

Du néerlandais *genever*, « genièvre », par l'anglais (1794);
eau-de-vie de grains aromatisée au genièvre, relativement
peu consommée en France, si ce n'est en combinaison
avec d'autres liquides : **gin-fizz** (avec du citron), **gin-
tonic**, etc.

> Vous préférez le whisky, n'est-ce pas, à cette heure? Eh
> bien, à la vérité, moi, c'est le gin avec un peu de lime.
>
> Joseph Kessel, *Le Lion.*

Kéfir

Mot caucasien (1885); ce mot (à l'orthographe indécise)
désigne une boisson gazeuse et fermentée à base de lait,
acide et légèrement alcoolisée.

Koumis

Mot tartare, d'orthographe très variable (1634); boisson
fermentée, acide et faiblement alcoolique, à base de lait
de jument ou d'ânesse.

Kwas ou Kvas

Mot russe (1836); boisson alcoolique fabriquée à partir de
farine d'orge ou de seigle, et qui ne se conserve que peu
de temps.

Maté : voir p. 61.

Pulque

Mot hispano-américain (1765); boisson fermentée provenant d'un agave appelé *maguey*, dont la sève sucrée produit aussi une sorte de miel.

> En quelques minutes les mesons se peuplèrent d'oisifs, qui commencèrent à boire du mezcal et du pulque en fumant leur papelito et en râclant le jarabe et la vihuela.
> Gustave Aimard, *Le Chercheur de pistes.*

Punch

De l'hindi *pânch*, « cinq », par l'anglais (milieu du 17e siècle); à l'origine, cinq éléments entraient dans la composition de cette boisson alcoolisée, à base de rhum et de jus de fruit.

> Les arrivants somnolent autour de leurs punchs dans la pénombre des Cercles où les mulâtres les recevaient.
> Édouard Glissant, *La Case du Commandeur.*

Saké ou Saki

Mot japonais (1777); alcool de riz (11 à 17°) qui se boit le plus souvent chaud. On l'appelle aussi *bière de riz.*

Schiedam

Nom d'une ville de Hollande (1842); eau-de-vie de grains, consommée dans le Benelux et le nord de la France.

Sou-chong

Du chinois *sia-chung*, par l'anglais (1846); thé noir de Chine.

Tafia

Mot créole (1675); eau-de-vie tirée des mélasses de canne à sucre et proche du rhum.

Le sirop de canne est encore plus utile par le secret qu'on a trouvé de le convertir en le distillant en une eau-de-vie que les Anglais appellent rhum et les Français tafia.

Guillaume Raynal,
Histoire philosophique et politique des Deux Indes.

Ce mot a un rapport probable, mais incertain, avec **ratafia,** du latin *rata fiat*! «que le marché soit conclu!» (formule prononcée en trinquant à la réussite d'une affaire), qui désigne une eau-de-vie de ménage aromatique, obtenue par macération.

Tchin-tchin

Pidgin-english *tsin-tsin*, «salut!» en usage à Canton. Cette formule s'emploie dans un registre familier lorsqu'on trinque avec un ami.

Il insista pour que nous choquions nos verres les uns contre les autres et dit : Tchin-tchin!

Patrick Besson, *Dara.*

Tequila

Féminin. Nom d'un district du Mexique (milieu du 20ᵉ siècle); alcool d'agave, très populaire au Mexique.

Ici [à Tucson] on ne boit pas de « daïkiris », mais de la bière, sans parler du whisky de maïs auquel nous ne touchons pas plus qu'à la terrible tequilla mexicaine.

Georges Simenon, *Mémoires intimes.*

Thé

Du malais *têh* ou chinois *t'e*, par l'anglais (vers 1610); les feuilles de l'arbuste d'Asie (surtout Inde, Chine, Sri Lanka) appelé *théier* contiennent un alcaloïde, la *théine*. Infusion agréable et tonique, le thé présente de nombreuses variétés. On distingue le thé noir (voir *sou-chong*), fermenté, du thé vert, qui ne l'est pas. *Thé de la Caroline* ou *des Appalaches*, synonyme de *yaupon* : nom donné par les Indiens à l'*Ilex cassine* (riche en caféine). *Thé à la menthe* : infusion de thé vert auquel on a mêlé des feuilles de menthe. **Thé rose** ou **karkadé**, nom usuel d'une malvacée qui fournit une boisson rafraîchissante. **Thé du Canada, palommier** ou **gaulthéria**, petit arbre toujours vert dont les feuilles donnent par distillation l'**essence de Wintergreen**, antiseptique et antirhumatismale.

Derrière son dos, deux vieux Chinois bavardent en absorbant du thé très pâle dans lequel nageaient de petites feuilles vertes.

Jean Hougron, *Soleil au ventre.*

Tokaj ou **Tokai**

Nom d'une région de Hongrie (1701); vin de liqueur jaune, issu d'un cépage hongrois et acclimaté en France, notamment en Alsace. Le nom du cépage est *furmint* (mot hongrois) ou *zapfner* (mot allemand, « tireur de vin »).

> Cet excellent Charles saisit alors le vin doré qui se trouvait dans la coupe du cinquante-neuvième, souhaita longue vie à cet excellent cinquante-neuvième, lui vida son verre, d'un coup, prit le temps de murmurer : Tokai 1807! et tomba raide mort.
>
> Gaston Leroux, *Rouletabille chez le tsar.*

Vodka

Mot russe, diminutif de *voda*, « eau » (1829); ce mot, de même racine que l'allemand *Wasser* et l'anglais *water*, désigne une eau-de-vie de grains très consommée en URSS et en Pologne.

> Rouletabille et Natacha ne firent que tremper leurs lèvres dans la vodka, mais Féodor et Matrena burent leur eau-de-vie à la russe, d'un seul coup, haut le coude et la vidant à fond, en envoyant carrément le contenu au fond de la gorge.
>
> Gaston Leroux, *Rouletabille chez le tsar.*

Yaupon : voir **Thé,** p. 162.

Les maladies

La machine humaine a des « ratés », qu'ils soient dus aux excès de nourriture ou de boisson, aux rudesses des climats ou simplement à l'usure. Nous présenterons ici quelques-unes de ces « fièvres » assez répandues sous les Tropiques, ainsi que certaines maladies causées par des carences vitaminiques, des parasites, etc.

Amaril (adj.)

Espagnol *amarillo*, « jaune », surtout dans l'expression *febre amarilla*, « fièvre jaune » (1841); cet adjectif signifie « relatif à la fièvre jaune ». Il s'agit d'une grave arbovirose, c'est-à-dire d'une maladie dont le virus est transmis par piqûre d'arthropode; elle sévit en Afrique et dans le Nord de l'Amérique du Sud. Elle peut être mortelle.

> Ce n'était pas encore assez et, en 1867 et 1868, des épidémies de fièvre jaune se sont déclarées, amputant notre communauté de beaucoup d'hommes, de femmes et d'enfants.
> Jeanne Castille, *Moi, Jeanne Castille, de Louisiane.*

Béri-béri

Malais ou cinghalais, par le néerlandais (milieu du 17e siècle); maladie très fréquente en Extrême-Orient, causée par la carence de la vitamine B 1 dans la nourriture (principalement le riz décortiqué).

Dengue

Mot espagnol (peut-être du swahili *denga*), « manières affectées », appliqué par antiphrase à cette maladie (1855); transmise à l'homme par les moustiques, la dengue est une dangereuse maladie infectieuse, qui se manifeste par une éruption ressemblant à la scarlatine, et sévit surtout en Asie, en Amérique tropicale, plus rarement en Afrique.

> Tu as dû être piqué par une mouche, sur la rivière et, le soleil aidant, la dengue t'a pris brutalement. On fait tout de suite quarante et un, mais jamais personne n'en est mort.
>
> Georges Simenon, *Le Coup de lune.*

Kala-azar

D'une langue indienne d'Assam (État de l'Inde) : *kala*, « noir » + *azar*, « maladie » (1909); grave maladie des viscères, espèce de leishmaniose (de Leishman, nom du médecin anglais qui découvrit en 1903 le parasite de cette maladie).

Malaria

De l'italien *mala aria*, « mauvais air » (1821); fièvre paludéenne, synonyme de **paludisme**. La malaria est causée par la piqûre de certains moustiques (anophèles) et se manifeste par des accès de fièvre brusques et intermittents.

> Quelques masures où s'éteint une population minée par la malaria et l'ankylostomiase.
>
> Claude Lévi-Strauss, *Tristes Tropiques.*

Pian

Mot tupi (fin du 16ᵉ siècle); tréponématose répandue dans les Caraïbes et en Afrique tropicale, voisine de la syphilis, mais non vénérienne. Elle atteint surtout les jambes et peut donner la démarche « en crabe ». On l'appelle aussi **framboesia**, parce qu'elle produit parfois une tumeur ayant l'aspect d'une framboise (**maman-pian**).

> Ce n'est pas l'homme qui a inventé le malheur, et avant que le pian ne vienne sur terre pour nous ronger la plante des pieds, les mouches vivaient.
>
> Simone Schwarz-Bart,
> *Pluie et vent sur Télumée Miracle.*

Scorbut

Du russe *skrobota*, par le néerlandais *scheurbuik* (1610); maladie provoquée par une carence en vitamine C et autrefois fréquente chez les marins. Elle se manifeste par des troubles divers (douleurs et hémorragies buccales et cutanées).

> Le 14 août, on lève définitivement l'ancre, et les difficultés commencent : bagarres aux Canaries, putréfaction de l'eau à bord, scorbut.
>
> Claude Lévi-Strauss, *Tristes Tropiques.*

Sodoku

Mot japonais, *so*, « rat » + *doku*, « poison » (1916); maladie infectieuse transmise par la morsure des rongeurs et répandue en Extrême-Orient.

Tromba

Mot malgache (20ᵉ siècle); à Madagascar, sorte de transe, manifestation d'hystérie interprétée le plus souvent comme causée par l'irruption des esprits (bons ou mauvais) dans la vie du patient.

Turista

Mot espagnol du Mexique : « la touriste » (1973); désigne de façon familière une affection de l'intestin et de l'estomac qui provoque des diarrhées.

Vomito negro

Mots espagnols, « vomissement noir » (1808); vomissement de sang noir caractéristique de la **fièvre jaune** (voir **amaril**, p. 165).

Médicaments et drogues

Certains seront peut-être surpris, voire choqués, de ce titre regroupant des substances qui, certes, ne sont pas équivalentes, en principe tout au moins. Car la frontière entre les drogues qui guérissent et celles qui détruisent, enivrent ou empoisonnent est bien fragile. Comme en de nombreux domaines, l'abus ou l'excès de ce qui est bénéfique peut le transformer en maléfique, et l'on sait aussi que l'homéopathie parvient à soigner de façon paradoxale, en faisant du « poison », à dose infinitésimale, un moyen thérapeutique. Nous présentons donc ci-dessous quelques-uns de ces « remèdes » parfois ambigus : ce secteur complète et enrichit celui que nous avons traité dans les *Végétaux*, sous la rubrique *Plantes médicinales*, pp. 73 à 75.

Chicotin

Altération (peut-être sous l'influence de *chique*) de *socotrin*, de *Socotra* ou *Socotora*, île de l'Océan Indien (16ᵉ siècle); suc très amer de l'aloès, ou poudre amère tirée de la coloquinte. Autrefois, les nourrices s'en enduisaient les mamelons, au moment de sevrer les enfants. Il en est resté l'expression *amer comme chicotin*, aujourd'hui vieillie.

Coco ou Cocaïne

De *coca* (voir p. 73); (**Coco**: 1912; **Cocaïne**: 1863); alcaloïde stimulant, doué de propriétés analgésiques et anesthésiques dont l'abus, déjà ancien, peut faire un stupéfiant. Le célèbre détective inventé par Sir Arthur Conan Doyle, Sherlock Holmes, était cocaïnomane, partisan de la « solution à 7 % », dont il décrit les effets en ces termes :

> Peut-être cette drogue a-t-elle une influence néfaste sur mon corps. Mais je la trouve si stimulante pour la clarification de mon esprit que les effets secondaires me paraissent d'une importance négligeable.
> Arthur Conan Doyle, *Le Signe des Quatre.*

Cette indulgence à l'égard des « stups » (comme on les appelle dans la police) demeure assez exceptionnelle aujourd'hui.

> Et si tu avais pris un peu de coco!... Moi, c'est mon troisième gramme depuis hier. Tu vois ça?
> Victor Margueritte, *La Garçonne.*

Curare

De *urari*, langue indigène des Caraïbes (1758); substance paralysante d'origine végétale, utilisée autrefois par les Indiens d'Amérique du Sud pour empoisonner leurs flèches, aujourd'hui comme anesthésique médical et dans le traitement du tétanos.

> Gormas a été empoisonné avec une quantité microscopique de topazine qui se trouvait sur la pointe du fleuret de Michard. Cette substance dérivée du curare utilisée par les chasseurs Indiens d'Amérique du Sud qui l'appellent la *Mort silencieuse*, possède une propriété curieuse; elle n'est active que sur des individus ayant récemment eu une hépatite virale.
> Georges Perec, *La Vie mode d'emploi.*

Datura

Du sanskrit *dhattûra*, par le portugais (1597); arbrisseau ornemental toxique appelé « herbe à la taupe » ou « pomme épineuse » et qui fournit une teinture et un extrait dit « de stramoine », aux propriétés sédatives, antispasmodiques et narcotiques; ses feuilles servent à faire des cigarettes antiasthmatiques.

Ésérine

D'*éséré*, nom nigérien de la **fève de Calabar** (20e siècle), utilisée comme moyen de détecter la présence du poison dans les aliments; cet alcaloïde, extrait de ladite fève, est employé pour traiter certaines affections du tube digestif et entre dans la confection d'un collyre efficace contre le glaucome.

170

Goménol : voir **Niaouli,** p. 74.

Gossipol ou **Gossypol**

Du latin scientifique *gossypium*, « coton » (20ᵉ siècle); pigment jaune très toxique (pour les animaux et les hommes) contenu dans le cotonnier (à l'exception des racines).

> Les boys-coton avaient oublié d'avertir les paysans, mais peut-être ne le savaient-ils pas eux-mêmes, que les graines de coton renferment un poison violent : le gossipol.
> Antoine Bangui, *Les Ombres de Kôh.*

Havane

Masculin; de *La Havane,* capitale de Cuba (1840); ce mot désigne le tabac produit dans cette grande île, et le type de cigare fabriqué avec sa feuille. C'est aussi un adjectif de couleur, qui correspond à un marron clair, teinte « chaude ».

Ipéca, plus rarement **Ipécacuan(h)a**

Du tupi-guarani, par le portugais (1640); racine utilisée en pharmacie pour ses propriétés expectorantes et vomitives. On en tire une poudre opiacée, la *poudre de Dover,* qui est sédative, diurétique et expectorante.

> Que faudrait-il pour qu'il n'y eût pas crime ? Il faudrait simplement que le poison fût arrivé dans les déjections après l'ipéca.
> Gaston Leroux, *Rouletabille chez le tsar.*

Manille

Nom de la capitale des Philippines (vers 1930); cigare provenant des Philippines, surtout de l'île de Luçon, la plus vaste et la plus peuplée.

> Ostensiblement, il prit un manille noir comme du charbon dont il cracha le bout par terre avant de l'allumer.
> Georges Simenon, *Un Crime en Hollande.*

Marihuana ou Marijuana

Mot hispano-américain, d'origine inconnue, par l'anglais (milieu du 20ᵉ siècle); il est parfois francisé en *Marie-Jeanne*. La **marihuana**, le **haschich**, le **kandja** et le **kif** sont des substances très voisines, sinon identiques, obtenues à partir des inflorescences mâles et femelles du **chanvre indien**. Cette plante, dont le nom latin est *cannabis*, fut cultivée en Chine dès 2700 avant J.-C. Elle s'est ensuite répandue dans le monde entier. Pline l'Ancien, (1ᵉʳ siècle ap. J.-C.) mentionne son usage en tant que stupéfiant. Il existe une espèce de chanvre purement textile et une autre espèce, dont la résine a des propriétés excitantes et euphorisantes. La marijuana, précisément, est un mélange de fleurs et de feuilles de cannabis, considéré comme une drogue relativement douce. On l'appelle couramment « herbe », par euphémisme généralisant.

Mescaline

Du mexicain *mescalli*, « peyotl » (milieu du 20ᵉ siècle); substance hallucinogène extraite du **peyotl** (voir p. 59) et provoquant des troubles physiques et hallucinatoires, ainsi que d'importantes aberrations dans la perception des formes et des couleurs.

> Stupide, absurde, exorbitant. Je n'aurais pas dû reprendre de la mescaline.
> Henri Michaux, *L'Infini turbulent.*

Moxa

Du japonais *mogusa* (1698); en acupuncture, nom donné aux divers procédés permettant d'introduire ponctuellement de la chaleur dans le corps humain, et aux bâtonnets brûlés à cet effet.

> Les autres [bonzes] exhibent des crânes où des marques blanches de moxas indiquent le nombre des vœux.
> Paul Claudel, *Connaissance de l'Est.*

On a formé sur ce mot le dérivé **moxabustion**, « brûlage des moxas ».

Ouabaïne

Du somali *ouabaïo* (1900); nom donné à un hétéroside, produit cardiotonique et diurétique extrait d'une liane tropicale d'Afrique et d'Asie appelée **strophantus**.

Quinine

De *quinquina* (voir p. 75); ce mot, créé en France en 1820 par Pierre-Joseph Pelletier et Joseph-Bienaimé Caventou, pharmaciens de génie qui découvrirent également la strychnine, désigne un alcaloïde tiré du quinquina et qui, en tant que sulfate, est un remède fréquemment utilisé contre les fièvres, notamment la malaria.

> Enroulé dans ma couverture, je grelotte à fond de cale, malgré la chaleur torride. Que faire, si mon corps m'abandonne? Dans la malle, j'ai trouvé le flacon de quinine acheté avant de partir, et j'avale un cachet avec ma salive.
>
> J.-M.-G. Le Clézio, *Le Chercheur d'or.*

Upas

Mot malais, « poison » (1808); suc jaunâtre extrait d'un grand arbre d'Indonésie, l'*antiaris* (du malais *antjar*) et constituant un poison très violent, dont les indigènes se servaient pour empoisonner leurs armes.

Et aussi...

Ganja

Féminin; mot hindi (vers 1980), synonyme de **cannabis**, **chanvre indien** ou **marihuana** (voir ce mot); « herbe » fumée notamment par les **rastas** (voir p. 288). On rencontre la variante **kandja**.

Macouba

Nom d'une localité au Nord de la Martinique (1803); nom d'un tabac à odeur de fleurs (rose et violette) très apprécié au 19e siècle. On en trouve mention chez Balzac.

Yamba

Mot du Sénégal, peut-être ouolof (1895); nom donné en Afrique noire au chanvre indien.

Les activités
corporelles et sportives

Aikido

Mot japonais, « la voie de la paix » (1961); art martial fondé au Japon vers 1925 et reposant sur la neutralisation harmonieuse des forces de l'adversaire par des mouvements de rotation du corps qui apparentent le « combat » à une danse. Il n'existe pas de compétition en aïkido.

Atémi

Mot japonais (vers 1970); désigne dans divers arts martiaux un coup dangereux porté avec le tranchant de la main, le coude ou le pied

> Je lui coupai la respiration d'un atémi au plexus solaire.
> Nan Aurousseau, *Flip Story*.

Christiania

Ancien nom de la ville d'Oslo (1906); type de virage brusque combiné à un arrêt, que pratiquèrent les premiers les skieurs de cette région de Norvège.

Dan (prononcer « danne »)

Mot japonais, « classe, rang » (vers 1960); chacun des dix « grades » supérieurs accordés au judoka au niveau « ceinture noire ».

Fart (prononcer « farte »)

Mot norvégien (1907); corps gras qu'on applique (à froid ou à chaud) sur la semelle des skis ou des traîneaux pour améliorer leur glisse, en fonction de la consistance de la neige. Ce mot a donné en français le dérivé *farter*.

> Tabatiak, très calme, toujours élégant dans son anorak de toile verte, la tête coiffée d'un petit bonnet de laine, farte minutieusement son traîneau.
>
> Frison-Roche, *Peuples chasseurs de l'Arctique.*

Gymkhana

De l'hindi *gend khâna*, « salle de jeu de balle », par l'anglais (1899); fête sportive de plein air, comportant des parcours difficiles à accomplir, en moto, en voiture, etc.

Jiu-Jitsu

Du japonais *ju*, « doux » + *jitsu*, « art de la souplesse » (1906); ancienne pratique des samouraïs, le jiu-jitsu repose sur l'adresse, l'agilité, et la connaissance de certains points vulnérables sur le corps humain. C'est un redoutable moyen d'attaque et de défense plus qu'un sport (à la différence du judo).

> Mac Roy a la technique, la décision, l'audace. Il est fort et il connaît tous les secrets de la boxe et du jiu-jitsu.
>
> Pierre Véry, *Les Disparus de Saint-Agil.*

Judo

Mot japonais, « principes de l'art » (1931); sorte de lutte japonaise dérivée du jiu-jitsu et pratiquée en Europe en tant que sport. Le praticien est appelé *judoka*.

> Donnez-lui la force et la vitesse. Blanc et précis, blanc et redoutable, non comme un ange, mais comme un combattant de judo.
>
> Jean Pérol, *D'un pays lointain.*

Judogi

Mot japonais (vers 1980); vêtement adapté à la pratique du judo, et consistant en une veste et un pantalon de toile blanche très solide.

Karaté

Du japonais *kara*, « vide » + *té*, « main » (vers 1960); sport de combat dans lequel les coups portés à la tête, au cou ou au tronc demeurent fictifs et sont stoppés avant d'atteindre leur but. Celui qui s'adonne au karaté est appelé *karatéka*.

Kendo

Mot japonais, « escrime, voie du sabre » (vers 1970); escrime japonaise qui se pratique avec un sabre de bambou et une armure composée d'un casque et d'un plastron.

Kumi Kata

Mot japonais (20e siècle); au judo, manière de saisir le *judogi* (voir p. 175) de l'adversaire, pour lui prendre sa garde.

Kung-Fu

Mot chinois (vers 1970); art martial chinois se pratiquant à mains nues, et qui s'apparente par certains aspects au karaté.

Pagaie

Du malais *pengajoeh* (fin du 17e siècle); aviron court utilisé pour propulser les embarcations sportives (canoë, kayak, périssoire, etc.).

> La coque bondit. Térii la guidait à coups brefs de sa pagaie qui tranchait l'eau tout à l'arrière comme une queue d'atua-requin.
>
> Victor Segalen, *Les Immémoriaux.*

Ski

Mot norvégien, prononcé « chi » dans cette langue (1841, mais répandu seulement à la fin du 19e siècle en France);

latte de bois, aujourd'hui de bois et de fibre de verre, grâce à laquelle on se déplace avec rapidité sur la neige.

Slalom

Mot norvégien, de *sla,* « incliné » + *làm,* « trace de ski » (vers 1910); descente à ski comportant des virages et des « portes », constituées par des piquets « élastiques » plantés verticalement dans le sol. Ce mot a donné les dérivés *slalomer, slalomeur, slalomeuse.*

Stakning

Mot norvégien (1972); en ski de fond, technique d'avance consistant à pousser simultanément sur les deux bâtons.

Stawug

Du norvégien *stavhugg* (1972); en ski de fond, technique d'avance qui combine le stakning (voir ci-dessus) avec le pas alternatif (dit aussi *pas du patineur*).

Stem(m), Stem-Bogen (vieilli), Stem-christiania

Mots norvégiens (1924); virage à ski vers l'aval, à 180°, fondé sur le déplacement du poids du corps d'un ski sur l'autre.

Sumo

Mot japonais (20ᵉ siècle); sorte de lutte japonaise « noble », dans laquelle l'enjeu consiste à faire sortir l'adversaire d'une aire très limitée.

> L'une des formes les plus populaires de ces luttes serait à l'origine du sumo japonais, tandis que le bouzkachi afghan dériverait d'une course.
> Jean d'Ormesson, *La Gloire de l'Empire.*

LA REGLE DU JEU EST EXTREMEMENT SIMPLE : C'EST LE PLUS FORT QUI BOUFFE !

Sutémi

Mot japonais, « sacrifice » (1971); action par laquelle le judoka tombe volontairement à terre en entraînant son adversaire dans sa chute.

Taï-Chi-Chuan ou Taï-Chi

Du chinois *taï*, « ultime » + *ji*, « la limite » + *quan*, « combat, action » (vers 1980); sorte de gymnastique chinoise d'inspiration taoïste.

Tatami

Mot japonais (1950); tapis de sol épais fait d'une grande natte en paille de riz tressée, et sur lequel on pratique les arts martiaux d'origine japonaise.

Télémark

Nom d'une localité de Norvège (1931); virage à ski (tombé en désuétude) qui se faisait par fente avant très prononcée sur le ski extérieur.

Toilette et hygiène

Bandigui

Mot du Mali (20ᵉ siècle); baguette métallique de quinze centimètres de long, employée pour diviser les touffes de cheveux en vue de faire des tresses aux formes géométiques.

Monoï

Mot tahitien (1860); préparation à base d'huile de coco dans laquelle on fait macérer des plantes aromatiques, comme le *ahi,* le *anei,* etc., des copeaux de bois de Santal, des fleurs de *tiaré* (voir ce mot p. 204). C'est un parfum très apprécié des Tahitiennes.

> Elles ne les dépouillaient [leurs vêtements] jamais, de nuit ou de jour, non plus qu'elles ne lavaient leurs membres, ni peignaient leurs chevelures poussiéreuses. Même l'usage du monoï onctueux leur semblait indifférent.
> Victor Segalen, *Les Immémoriaux.*

Aujourd'hui encore, le monoï entre dans la composition de certains produits de beauté, en Europe.

Sauna

Masculin ou féminin; mot finnois (1930); bain de vapeur finlandais, qui se prend dans une sorte d'édicule en bois, où l'on projette de l'eau sur des pierres brûlantes. Ce mot désigne à la fois le bain lui-même et le lieu où on le prend. Les Finlandais font alterner les moments de ce bain avec des sorties dans la neige environnante : c'est une sorte de version nordique de la fameuse « douche écossaise ».

HACIENDA?
DATCHA?
IZBA?
CARBET? IGLOO?
TIPI?
BUNGALOW?
CAMBUSE?
PAILLOTTE?
FARE?

NON...NON...
SIMPLE PATRIMOINE
FAMILIAL.

L'homme
en sa demeure

Ce chapitre présente les termes les plus connus, dans notre langue, pour désigner les divers types d'habitat humain. Que l'homme soit nomade ou sédentaire, solitaire ou grégaire, « sauvage » ou « civilisé », il a inventé partout, sous tous les climats, toutes les latitudes, un moyen de s'abriter, lui et ses proches, des intempéries et des rigueurs naturelles. Ceci, avec plus ou moins d'ingéniosité et de bonheur dans la réalisation.

On trouvera donc dans les pages qui suivent non seulement quelques désignations, fort diverses, de cet abri fondamental, mais également quelques mots concernant les matériaux employés, et aussi un certain nombre d'éléments de « mobilier ».

L'habitat

Ajoupa

Tupi *aioupana* (1640); hutte élevée et couverte de feuillage, qu'on rencontre aux Antilles.

Bidonville

De *bidon* + *ville* (vers 1950); agglomération misérable, faite de baraques sommaires, de tôles et de planches. On rencontre souvent de tels habitats dans les banlieues populaires des grandes villes du monde entier.

> Car des bidonvilles, il y en a partout ailleurs, vous pensez bien. Au Caire ou à Johannesburg, à Calcutta ou même à Chicago, sans parler de Paris (Seine). Ceux-ci [de Dakar] ne sont pas jolis tout de même. Baraques de planches pourries, cabanes de pans de tôle ondulée, rapiécées de carton goudronné ou de lambeaux de toile pisseuse.
> Pierre et Renée Gosset, *L'Afrique, les Africains.*

Bungalow

De l'hindi *bangla*, « du Bengale », par le gujarati (langue de Gandhi) *bangalo* (1829); maison indienne comportant plusieurs vérandas sur son pourtour, puis pavillon isolé. En français, ce mot prend assez souvent un caractère snob.

> Joseph sauta de la carriole, prit le cheval par la bride, quitta la piste et tourna dans le petit chemin qui menait au bungalow. La mère l'attendait sur le terre-plein, devant la véranda.
> Marguerite Duras, *Un Barrage contre le Pacifique.*

Cagna

Féminin. De l'annamite *caï-nhâ*, « la maison » (1883); désigne d'abord un abri de campagne, dans le vocabulaire des guerres coloniales de la fin du 19e siècle. Aujourd'hui vieilli, il désigne dans un registre populaire, voire argotique, un abri quelconque, une pièce (plutôt sans confort).

Cambuse

Du néerlandais *kombuis*, « cuisine de navire, chaufferie »
(1783); dans la marine, ce mot désigne le magasin de
bord contenant les provisions de bouche. En général, on
l'emploie familièrement et péjorativement pour qualifier
une demeure ou une chambre médiocre ou mal tenue.

> Il commença par faire manger tout le monde et servir à
> boire sans compter, car la cambuse avait encore de la bière
> et du vin pour deux mois.
> Albert T'Serstevens, *L'Or du Cristobal*.

Carbet

Mot caraïbe, du tupi (1614); en Guyane, grande case; aux Antilles, abri dans lequel on remise les embarcations et les engins de pêche.

> Sous le toit de palmes du grand carbet où pendaient une dizaine de hamacs lourds de sommeil, il n'y eut même pas ce qu'on appelle des mouvements divers.
> Jacques Perret, *Histoires sous le vent.*

Case

Du latin *casa,* « maison » (18e siècle); ce mot est très ancien en français mais ne prend que tardivement, à travers les langues espagnole et arabe, une valeur « exotique ». Il désigne une habitation plus ou moins sommaire, dans de nombreux pays tropicaux.

> La case ronde, montée en banco, ouverte sur le dehors par une porte étroite et une série d'évidements carrés ou en losange, apparaît plus fréquemment au contact du monde peul.
> Georges Balandier, *Afrique ambiguë.*

Corral

Mot hispano-américain, « basse-cour » (1860); enclos dans lequel, en Amérique du Nord et du Sud, on parque les bêtes (surtout les bovins) à diverses fins. C'est un décor fréquent dans les westerns : voir le film *Règlement de comptes à O.K. Corral,* de John Sturges (1956).

> Le bois presse de toutes parts notre petite maison de chaux et d'argile, flaire une brèche à travers les troncs d'arbre du corral, il aurait vite fait d'abattre corral et maison si bientôt la soif ne recommençait à le torturer jusqu'à la prochaine saison.
> Georges Bernanos, *Les Enfants humiliés.*

Datcha

Mot russe (1902); en Russie, maison de campagne située à proximité d'une grande ville.

> La barinia quitta la véranda [...] et rentra dans la salle à manger de sa datcha des Iles.
> Gaston Leroux, *Rouletabille chez le tsar.*

Faré

Mot maori (1880); à Tahiti, terme générique désignant plusieurs types d'habitation.

> Plus loin que le grand arc de la baie, au lieu même ou Tuti, jadis, contemplait les astres, s'élevait un faré construit depuis une centaine de lunaisons, par d'autres étrangers. On le nommait déjà le faré Piritané (de Britain, Angleterre).
> Victor Ségalen, *Les Immémoriaux.*

Favéla ou **Favella**

Mot portugais du Brésil, (milieu du 20ᵉ siècle); équivalent brésilien du bidonville.

> Les miséreux vivaient perchés sur les mornes, dans les favellas où une population de noirs, vêtus de loques bien lessivées, inventaient sur la guitare ces mélodies alertes qui, au temps du carnaval, descendraient des hauteurs et envahiraient les villes avec eux.
> Claude Lévi-Strauss, *Tristes Tropiques.*

Fazenda

Mot portugais du Brésil, du latin *facienda,* « les tâches à accomplir » (vers 1860); grande propriété agricole, où l'on fait extensivement de la culture ou de l'élevage.

> Une centaine de kilomètres en-deçà se trouvait une exploitation agricole que nous avions choisie comme base de départ pour atteindre les Caduveo. La Fazenda francesa, comme on l'appelait sur la ligne, occupait une bande d'environ cinquante mille hectares où le train roulait pendant cent vingt kilomètres.
> Claude Lévi-Strauss, *Tristes Tropiques.*

Hacienda

Mot espagnol d'Amérique du Sud, issu lui aussi du latin *facienda* (1866); ce mot est à peu de chose près l'équivalent du précédent.

> Un jour, don Miguel revenait de faire, comme il en avait l'habitude, une visite à ses haciendas.
> Gustave Aimard, *Le Chercheur de pistes.*

Le propriétaire de ce type d'exploitation se nomme **hacendero.**

Iglou ou Igloo

Mot esquimau, « maison » (1880); ce mot féminin est le plus souvent employé au masculin dans notre langue.

> Iglou désigne la maison traditionnelle de pierre et de tourbe ou la cabane ceinturée de tourbe, parfois de neige; l'*iglouliak* ou maison de neige n'est ici utilisée que dans les raids de chasse.
>
> Jean Malaurie, *Les Derniers Rois de Thulé.*

On emploie généralement *iglou* au sens d'*iglouliak.*

> Une heure trente après notre arrivée, l'igloo est terminé. Nous sommes très loin des quinze minutes du concours! Mais cette coupole de neige qui dépasse à peine le niveau des congères sera notre unique abri. De sa solidité, de son hermétisme, dépend notre confort.
>
> Frison-Roche, *Peuples chasseurs de l'Arctique.*

Isba ou Izba

Du russe *izba,* « maison » (1815); habitation rustique, en bois de sapin, de l'Est de l'Europe (notamment Russie du Nord).

> Il aperçut, sur la lisière des forêts qui vont jusqu'à Sestroriesk, une petite habitation de bois dont les murs étaient peints en rouge brun et le toit en vert. Ceci n'était déjà plus l'isba russe, mais bien la rouba finnoise.
>
> Gaston Leroux, *Rouletabille chez le tsar.*

Jacal

Mot hispano-mexicain (1858); désigne une hutte rudimentaire.

> Ce jacal était une misérable hutte, faite à la hâte avec des branches d'arbres entrelacées, qui tremblaient à tous les vents et laissaient pénétrer à l'intérieur la pluie et le soleil.
>
> Gustave Aimard, *Le Chercheur de pistes.*

Paillotte

De *paille,* ou du portugais *palhota* (1617); habitation sommaire au toit de paille, que l'on trouve dans nombre de pays chauds.

> Il me montra un bois d'aréquiers au feuillage en houppe, une rizière où s'enfonçaient de petits zébus, çà et là des paillottes malaises, plantées sur pilotis.
>
> Roland Dorgelès, *Partir.*

Secko

Langue du Tchad (milieu du 20ᵉ siècle); palissade faite de roseaux tressés.

> Dans ce quartier où s'étaient regroupées les familles Saras du Tchad, nous habitions une concession fermée par une clôture de secko dont la hauteur atteignait près de deux mètres et qui nous isolait des regards indiscrets.
> Antoine Bangui, *Les Ombres de Kôh.*

Tata

Mot malinké de Guinée forestière (1957); fortification végétale entourant un village.

> J'y ai découvert, à propos des Guerzé en particulier, des observations se référant à une habile technique de fortifications : villages que protège une enceinte (tata) de 4 à 5 mètres de hauteur, doublée d'un large fossé garni de piquets acérés et de longs fers de lance.
> Georges Balandier, *Afrique ambiguë.*

Tipi

Du sioux, par l'américain *tepee* (1890); hutte de forme conique, faite de peaux soutenues par des mâts, habitation propre à certains Indiens d'Amérique du Nord.

> Dès le premier jour, nous apercevons une « réserve » où ceux de je ne sais quelle tribu sont parqués. Ils sont censés coucher dans leurs tipis traditionnels, que l'on aperçoit groupés comme dans un parc.
> Georges Simenon, *Mémoires intimes.*

Véranda(h)

Mot anglo-indien, du portugais *baranda* dérivé du latin *vara*, « traverse bâton » (1758); galerie couverte qui entoure les habitations, en Inde ou en Extrême-Orient, et dont le toit est soutenu par des perches (d'où le nom).

> Après l'allée de gazon, la petite case s'agrémenta d'une véranda qui en faisait le tour, donnant de la fraîcheur et de l'ombre à tout instant, suivant qu'on changeait le banc de place.
> Simone Schwarz-Bart, *Pluie et vent sur Télumée Miracle.*

Le mot **varangue** du portugais *barandra* (1857) désigne une sorte de véranda.

> Quand j'approche de la maison, j'entends la voix de Mam qui fait réciter des prières à Laure, à l'ombre de la varangue.
>
> J.-M.-G. Le Clézio, *Le Chercheur d'or*.

Wigwam

De l'algonquin *wikiwam*, « cabane » (1688); hutte ou chaumière de certains Amérindiens, ou le village composé de ces huttes.

Yourte ou Iourte

Du russe *jorta* (1845); tente démontable utilisée par certains peuples d'Asie, et revêtue de plaques de feutre ou d'écorce.

> Ma pauvre iourte est vers le nord, au fond de cette grande vallée qui est à notre droite.
>
> Régis-Évariste Huc,
> *Souvenirs d'un voyage dans la Tartarie.*

Les matériaux
de construction

Adobé

Mot espagnol d'Amérique centrale (1868); brique d'argile assez rudimentaire, employée pour la construction des maisons.

> Des maisons en adobé à la mexicaine, et même en bois, avec la traditionnelle véranda des temps jadis.
>
> Georges Simenon, *Mémoires intimes.*

Banco

Mot du Niger (milieu du 20ᵉ siècle); sorte de boue jaune mêlée à de la paille hachée, parfois à du sable et à du gravier. Ce matériau est voisin du pisé.

> La case ronde, construite en banco crépi, s'amenuise, réduit l'importance accordée à la toiture de chaume, se ferme davantage et ne présente plus qu'une seule porte basse.
>
> Georges Balandier, *Afrique ambiguë*.

Pisé

Du verbe français *piser*, « broyer », du latin *pi(n)sare* (1562); matériau constitué de terre argileuse battue et comprimée avec des cailloux dans un moule. Le mot et la chose, jadis, n'étaient pas « exotiques » : les masures des villages de France étaient souvent faites en pisé et en chaume.

> Cette concession est parmi les mieux défendues de Kouroussa : elle n'a qu'une porte, et la clôture au lieu d'être en osier tressé, est en pisé et garnie, sur le sommet, de tessons de bouteille.
>
> Camara Laye, *L'Enfant noir*.

Poto-Poto

Mot du Sénégal (20ᵉ siècle); matériau proche du pisé.

> C'est un genre de bungalow tout en poto-poto, pour employer l'expression d'ici, c'est-à-dire une sorte de torchis.
>
> Sembène Ousmane, *O Pays mon beau peuple*.

Cette substance a donné son nom à un faubourg de Brazzaville :

> Ses quartiers populaires à la fois truculents et alanguis, Poto-Poto et Bacongo avec leurs paillottes, sous les palmiers, leurs petites cases en dur.
>
> Pierre et Renée Gosset, *L'Afrique, les Africains*.

On trouve même ce mot employé très loin du contexte africain :

> Des kilos de boue, sorte de « poto-poto » dû au dégel, sont brassés.
>
> Jean Malaurie, *Les Derniers Rois de Thulé*.

Le confort domestique

Édredon

Du danois (ou islandais) *ederduun*, de *eder*, « eider » + *duun*, « duvet » (1700) ; vaste garniture de lit renfermant du duvet ou des plumettes (d'eider, mais souvent aussi d'oie ou de canard) et comportant parfois des piqûres régulières (courtepointe). L'édredon est aujourd'hui fortement concurrencé par la couette. Voir **eider,** p. 131.

> Les édredons de Sa Majesté devaient être déjà du plus fin eider, ainsi que l'une des plumes que vous m'avez montrées l'atteste.
>
> Gaston Leroux, *Rouletabille chez le tsar.*

Guitte

Mot acadien (20ᵉ siècle) ; couverture de lit.

> Les femmes se donnaient la main pour la confection des couvre-pieds et des « guittes » ou « couvertes » (car nous ne disions pas couvertures).
>
> Jeanne Castille, *Moi, Jeanne Castille, de Louisiane.*

Hamac

Du caraïbe *hamacu,* par l'espagnol *hamaca* (1519) ; sorte de lit suspendu très souple, fait d'un rectangle de toile ou d'un filet monté sur deux traverses et accroché à deux supports verticaux (souvent des troncs d'arbres).

> On supposait qu'elle devait vivre à la manière des belles du pays, couchée dans un de ces grands hamacs qui sont les chaises-longues de l'équateur.
>
> Albert T'Serstevens, *L'Or du Cristobal.*

Panka

De l'hindi, par l'anglais *punkaw* (1870); écran suspendu et animé par des cordelettes, qui sert d'éventail géant dans certains pays tropicaux.

> Les grincements du panka qui, jadis, me berçaient tant bien que mal, sont devenus insupportables à mes oreilles.
> Raymond Jean, *Le Village.*

Tara

Mot du Sénégal (20ᵉ siècle); meuble (lit ou siège) fait des fibres végétales d'une plante qui porte le même nom.

> Ils prirent place sur le lit. Isabelle s'assit sur le tara.
> Sembène Ousmane, *O Pays, mon beau peuple.*

191

UNE CRAVATE, OUI...

... **MAIS** UNE LÉGION D'HONNEUR

Étoffes
et vêtements

Les tissus

Un grand nombre de mots désignant des étoffes importées, généralement précieuses (car les tissus ordinaires se fabriquent partout et sont le plus souvent « indigènes ») provient de l'Orient (Inde et Chine notamment). Il s'agit le plus souvent de noms propres de villes ou de pays réputés pour leur production, qui sont devenus chez nous noms communs, avec ou sans déformation de leur prononciation d'origine.

Cachemire

De *Kasmir,* nom d'un État du nord de l'Inde (1803); désigne tout d'abord le poil fin des chèvres du Cachemire ou du Tibet, puis le tissu fait par mélange de ce poil avec de la laine. Le cachemire blanc est plus apprécié que le noir. En France, on fabrique aujourd'hui industriellement un tissu doux et fin, le *cachemire français,* qui imite le produit exotique. On rencontre aussi la forme anglaise *cashmere.*

> Un des premiers effets de la conquête et du triomphe de la Compagnie [des Indes] fut que châles des Indes, calicots, lainages du Kashmir conquirent les marchés d'Europe.
> Lanza del Vasto, *Vinôbâ ou le Nouveau pèlerinage.*

Calicot

De *Calicut* (1663), port de l'Inde sur la côte de Malabar (ne pas confondre avec Calcutta!) appelé aujourd'hui *Kozhikode*; ce fut la première factorerie occidentale en Inde, en 1500. Ce mot désigne un tissu de coton assez ordinaire utilisé pour confectionner vêtements et sous-vêtements et plus fréquemment, aujourd'hui, des bande-roles publicitaires ou portant des slogans et des mots d'ordre, et brandies dans les manifestations syndicales et politiques.

> Une blouse de calicot rayé, garnie d'une profusion de grelots, lui descendait jusqu'aux cuisses, défendues des piqûres de moustiques par des caleçons de même étoffe.
> Gustave Aimard, *Le Chercheur de pistes.*

Chiné

Dérivé de *Chine* (1753); cet adjectif s'emploie pour caractériser un tissu ou un lainage moucheté, dont la bigarrure est due soit à une technique de filage particulière soit à des opérations de teinture.

Chint (masc.) ou Chinte (fém.)

De l'hindi *chint*; toile de coton provenant de l'Inde et importée en France pour fabriquer des tissus impri-més.

Chintz

Même origine que le précédent (1753); toile de coton brillante, teinte ou imprimée, utilisée en ameublement.

Damas

Nom de la capitale de la Syrie (14e siècle); luxueux tissu d'ameublement fait de soie pure ou mélangée et présen-tant d'harmonieux dessins à ramages. L'endroit apparaît en satin sur fond de taffetas, et l'envers présente un jeu de tissu inverse.

Indienne

Dérivé du mot *Inde* (1632); toile de coton à décor champêtre, peinte à l'origine, puis imprimée, provenant de l'Inde et qui connut en France une vogue extraordi-naire, de la Renaissance au milieu du 18e siècle. On la fabriquait dans des ateliers appelés *indiennages.* La toile de Jouy, par la suite, la supplanta peu à peu. On appelait également *indienne* une robe de chambre faite dans cette matière.

> Des coussins d'indienne blanche à raies rouges couvraient le sopha un peu bas.
>
> Arthur de Gobineau, *L'illustre magicien.*

Jaconas

Altération de *Iagganath,* ville de l'Inde (1761); tissu de coton léger et fin, utilisé surtout au 19ᵉ siècle dans la confection pour femmes.

Jute : voir p. 70.

Khâdi

Mot indien (vers 1950); étoffe de coton de teinte neutre, que portent sur eux les indiens de condition modeste. Le khâdi fut adopté par Gandhi et ses disciples pour symboliser leur lutte et souligner la valeur qu'ils attachaient à l'économie artisanale.

> Le bûcher insolite fait d'habits européens, de cols, de bretelles jetés par ceux qui désormais ne porteraient plus que le khâdi.
>
> André Malraux, *Antimémoires.*

Madapolam

Nom d'un faubourg de la ville indienne de Narasapur, dans l'État d'Andra Pradesh, à l'est du Deccan (1823); tissu de coton très rustique, qui se situe entre le *calicot* (voir plus haut) et la percale, et dont on fait du linge de table, des tabliers, etc.

Madras

Nom d'un grand port de la côte de Coromandel (1797); étoffe de soie et de coton, de couleurs vives, portée généralement en coiffure par les Antillaises et comportant un ou plusieurs nœuds. On en fait également des fichus, des foulards.

MADRAS?

NON, CAYENNE.

Le crissement des grillons nocturnes sur lequel passait la plus mélancolique chanson créole :

Adieu madras, adieu foulards
Adieu rob'soie et colliers-choux,
Doudou à moi il est parti
Hélas, hélas, c'est pour toujours...

Elle est l'œuvre d'un gouverneur du temps de Louis XV, abandonné par une mulâtresse, à qui il prête son propre chagrin.

André Malraux, Antimémoires.

Nankin

Du chinois *Nan-Jing,* « capitale du Sud » (1766); solide taffetas de coton jaunâtre ou chamois.

> Ermolaï, le fidèle intendant de campagne qui ne quitte jamais, même à la ville, son habit nankin beurre frais.
> Gaston Leroux, *Rouletabille chez le Tsar.*

Nansouk ou Nanzouk

De l'hindi *nansuk* (1771); léger tissu de coton qu'on utilise en broderie et en lingerie.

Organdi

Altération du nom de la ville d'*Ourguentch*, en Ouzbekistan (1723); légère mousseline de coton, employée pour faire des vêtements de femme et du linge de table.

Pékin

Du chinois *Bei-Jing,* « capitale du nord », cf. **nankin** (1759); nom donné à une étoffe de soie peinte, d'origine chinoise et imitée depuis en Europe. Ce mot désigne aussi certains tissus rayés à bandes alternativement mates et brillantes, par jeu de couleurs ou opposition de matières (voir **chiné,** p. 194).

Rabane

Du malgache *rebana* (1877); tissu constitué de fibres de raphia et servant à faire nattes, stores, etc. Voir p. 71.

Satin

De *Zai-Tun* (Tsia-Toung), ville de Chine, transmis par l'arabe et l'espagnol (14ᵉ siècle); étoffe de soie extrêmement douce et lustrée d'un côté, sans trame visible. Cette étoffe (avec la soie) est souvent prise comme symbole de la douceur au toucher : *une peau satinée.*

Shant(o)ung

Orthographe très variable; de *Shandong,* nom d'une province chinoise (1910); tissu de soie pure ou mélangée de **tussah** (voir ce mot), au grain très apparent.

Shetland

Nom d'un archipel situé au Nord-Est de l'Écosse (1949); les moutons de ces îles donnent une laine très réputée, avec laquelle on fabrique des tricots, des pull-overs, etc. : **un (pull en) shetland.**

Surah

De *Surat,* port de l'Inde, sur le golfe de Gambay (1883); étoffe de soie croisée, légère et souple.

Tampico

Port du Mexique, État de Tamanlipas (1875); fibre tirée d'un agave sauvage nommé *ixtle*; très solide, elle peut remplacer le crin animal ou être mélangée à lui (elle entre dans la composition des brosses).

Tartan

Mot anglais (1792); étoffe de laine dont les couleurs, assez vives, forment des carreaux. Chaque clan écossais a ses associations colorées particulières. Ce mot est devenu chez nous à peu près synonyme de *tissu écossais*.

Tussah ou Tussau

De l'hindoustani *tasar*, par l'anglais (1857); soie sauvage de l'Inde, provenant de la chenille du bombyx de l'ailante ou *attacus*, immense papillon très coloré.

Tussor(e)

Même origine que le précédent (1877). Pour certains lexicographes, les quatre formes *tussor(e), tussah* ou *tussau* sont équivalentes; il s'agit d'une belle étoffe, proche du foulard, faite avec le *tussah* (voir ci-dessus).

> C'était un jeune homme qui paraissait avoir vingt-cinq ans, habillé d'un costume de tussor grège.
> Marguerite Duras, *Un Barrage contre le Pacifique.*

Tweed

Altération de l'écossais *tweel*, « étoffe croisée » (1844); tissu de laine cardée, à armure toile ou sergé, utilisé pour faire des vêtements, généralement de ligne « sport ».

Zénana

Mot hindi (1876); étoffe de soie ou de coton, cloquée, qui sert à faire des robes d'intérieur, des peignoirs, etc.

> Gervaise, la gouvernante de Monsieur Colomb, avec une liseuse en zénana, un bonnet de dentelle et des mules à pompon.
> Georges Perec, *La Vie mode d'emploi.*

Les vêtements

Anorak

Mot esquimau (vers 1900); introduit en France par le Docteur Charcot au début de ce siècle, il désignait à l'origine un vêtement complet, couvrant tout le corps et pas seulement le haut, comme aujourd'hui.

> Tous ont revêtu leurs anoraks de toile bleue ou brune, leurs plus beaux pantalons de peau d'ours et leurs bottes les plus blanches.
>
> Jean Malaurie, *Les Derniers Rois de Thulé.*

Bermuda

Nom américain, des îles Bermudes (vers 1960); short long, enserrant les cuisses jusqu'au-dessus des genoux, à la mode dans les années 60.

Bikini

Nom d'un atoll de Micronésie, dans l'archipel des îles Marshall, au Nord de l'équateur, où eurent lieu à partir de 1946 les expériences atomiques américaines dans l'espace (vers 1947); maillot de bain féminin, de dimensions très réduites. Ce mot a donné lieu à une création verbale burlesque : *monokini,* maillot de bain d'une pièce laissant les seins libres. On a sans doute feint de croire que le *bi-* de Bikini signifiait « deux », ce qui n'est bien sûr pas le cas! Aujourd'hui que la miniaturisation gagne tous les domaines, le bikini s'est démodé, pour laisser place au *string,* vêtement encore plus réduit.

Boubou

Du malinké *bubu* (fin du 19e siècle); désigne d'abord un singe, puis sa peau; aujourd'hui, c'est une longue tunique portée par les Noirs africains des deux sexes.

> Khary était bossue. Oh! une toute petite bosse de rien du tout, une bosse qu'une camisole bien empesée ou un boubou ample aux larges plis pouvait aisément cacher.
>
> Birago Diop, *Les Contes d'Amadou Koumba.*

Caraco

De l'espagnol du Mexique, ou du turc *kerake* (1774); anciennement, corsage de femme; aujourd'hui, sous-vêtement féminin court, qui correspond au maillot de corps masculin.

Jodhpurs

Abréviation de *Jodhpur breeches,* « pantalon de Jodhpur », du nom d'une ville du Nord-Ouest de l'Inde (19e siècle); pantalon d'équitation très ajusté et se portant sans bottes.

Kimono

Mot japonais, « vêtement, robe » (1796); désigne un vêtement d'intérieur d'une seule pièce, croisé devant.

> Anika l'aidant à se défaire de son corsage, elle était aussitôt prête, à l'aise dans la draperie du kimono, pour la cérémonie quotidienne.
>
> Victor Margueritte, *La Garçonne.*

Pagne

De l'espagnol *paño, du* latin *pannus,* « morceau d'étoffe » (1762), même origine que pour *pan* (de tissu); vêtement sommaire porté dans de nombreux pays et consistant en un morceau d'étoffe ou en éléments végétaux, disposés de façon à cacher (au moins) le sexe.

> Sa robe grenat, taillée dans un pagne indigène, était large, sans manches.
>
> Marguerite Duras, *Un Barrage contre le Pacifique.*

Au Sénégal, on appelle *tiavali* un pagne blanc passé à l'indigo (d'après Sembène Ousmane). Le nom indien du pagne est *vetti,* le nom cinghalais **camboye.**

> Les passagères regardaient avec surprise leurs peignes d'écaille plantés dans le chignon et cette espèce de pagne, le vetti national, dont ils sont tous vêtus.
>
> Roland Dorgelès, *Partir.*

Paréo

Mot tahitien (1880); pièce de tissu à larges motifs, qui se porte nouée soit au-dessus des seins, soit à la taille, comme un pagne.

> On voyait aussi qu'elle avait roulé, autour de ses hanches, un paréo somptueux, dont les grandes fleurs blanches sur fond rouge transparaissaient sous la gaze légère.
> Pierre Loti, *Le Mariage de Loti.*

Parka

Mot aujourd'hui plutôt fém. De l'esquimau, par l'américain (vers 1960); sorte de court manteau imperméable, à capuchon, et souvent matelassé pour protéger du froid.

> Quelques Indiens vont et viennent dans le froid très vif de la matinée, dos courbé sous le capuchon du parka.
> Frison-Roche, *Peuples chasseurs de l'Arctique.*

Poncho

Mot espagnol d'Amérique (1772); désigne soit un vêtement protégeant tout le haut du corps (et que définit très bien la citation suivante), soit des chaussettes en tricot doublées d'une semelle de peau qui permet de les porter comme de confortables chaussons d'intérieur.

> Les sauvages lui [au Chili] fournissent principalement le poncho. C'est une étoffe de laine, quelquefois blanche et ordinairement bleue, d'environ trois aunes de long sur deux de large. On y passe la tête par un trou pratiqué au milieu et elle se déploie sur toutes les parties du corps.
> Guillaume Raynal, *Histoire philosophique et politique des deux Indes.*

Pyjama

De l'hindoustani *pâê-jama*, « vêtement de jambes » (1837); pantalon de femme en Inde, tenue de nuit (en deux pièces) pour homme ou femme en Occident.

> Il nous reçut en pyjama, encore ensommeillé, dans le salon d'une confortable maison bourgeoise.
> Georges Balandier, *Afrique ambiguë.*

Sampot

Origine asiatique, mal connue (début du 20ᵉ siècle); sorte de culotte faite d'une pièce d'étoffe drapée, vêtement porté dans toute l'Asie du Sud-Est.

> Il apparut alors vêtu d'une casaque rouge à col montant, d'un sampot de soie violette.
> Raymond Jean, *Le Village.*

Sari

Mot hindi (1872); longue étoffe drapée que portent les femmes en Inde.

> Des paillottes sur pilotis devant lesquelles des femmes en saris jaunes, bleu ciel et vert d'eau, et des hommes vêtus de pagnes font sécher des feuilles de thé et des racines de gingembre.
> Georges Perec, *La Vie mode d'emploi.*

Sarong

Mot malais (1894); jupon étroit porté en Malaisie, semblable au paréo.

> Je me suis déshabillée complètement, sans même avoir besoin de me cacher sous mon sarong.
> Geneviève Dormann, *Le Bateau du courrier.*

Touloupe

Du russe *tulup* (1768); veste en peau de mouton, ou doublée avec cette peau, que portent les Russes de condition modeste (surtout les paysans).

> Les ouvriers y portent [au Mont-de-Piété] jusqu'à leur touloupe (veste doublée de peau de mouton).
> Gaston Leroux, *L'Agonie de la Russie blanche.*

Coiffures et parures

Chapska

Masculin; mot polonais (1842); coiffure des lanciers du Second Empire. On rencontre aussi la forme **chapka.**

Cravate

De *croate* (1651); exotique, cette pièce « obligée » du complet-veston, cet élément très occidental du chic masculin? On pourrait hésiter, certes; mais il est peut-être amusant de noter que ce mot – altération phonétique de *Croate* – désigna d'abord la « bande de linge que les cavaliers croates portaient autour du cou »!

> Un deuxième personnage très militaire, malgré une belle cravate de faille, car, au-dessus de la cravate, le visage était marqué d'une longue cicatrice qui allait d'une joue à l'autre en ébréchant le nez.
>
> Jean Giono, *Le Hussard sur le toit.*

Képi

Du suisse allemand *Käppi,* de l'allemand *Kappe,* « bonnet » (1809); coiffure rigide à visière, portée surtout par les officiers, et par certains corps de fonctionnaires (douaniers, policiers).

Obi

Mot japonais (1551); ceinture de soie du costume traditionnel. Elle a pour fonction de tenir fermé le **kimono** (voir p. 200) et comporte, au dos de l'individu, un ou plusieurs nœuds dont la grosseur et la forme répondent à des critères sociaux et idéologiques très complexes.

Panama

Nom d'une République d'Amérique centrale (1865); chapeau souple tressé avec des feuilles de latanier, puis chapeau de paille assez large. Le mot et la chose sont aujourd'hui passés de mode.

> Cette indolente bourgeoisie métisse de Libreville, coiffée d'anachroniques panamas.
>
> Pierre et Renée Gosset, *L'Afrique, les Africains.*

Shako

Du hongrois *csako* (1761); coiffure militaire, rigide et de forme tronconique, avec visière. Portée en France (à l'imitation des hussards hongrois) de 1792 jusqu'à la Première Guerre mondiale, par les hussards et les grenadiers, elle n'existe plus aujourd'hui que dans la Garde Républicaine et chez les Saint-Cyriens (qui ont orné le shako des plumes appelées *casoar,* voir p. 134).

Sombréro

Mot espagnol dérivé de *sombra,* « ombre »; grand chapeau de feutre porté dans certains pays d'Amérique centrale.

> Tucson! [...] Tout le monde porte des chemises ajustées de cow-boys, des bottes à hauts talons, des sombréros noirs ou beiges, comme le mien.
>
> Georges Simenon, *Mémoires intimes.*

Soutache

Du hongrois *sujtas,* « bordure » (1838); galon ou ganse de couleur marquant certains uniformes, ou garniture décorative sur un vêtement féminin.

Tiaré

Mot tahitien (1880), qui désigne une espèce de gardénia, le *Gardenia taitensis* (dans la citation suivante, Loti a commis une confusion).

> Ce tiaré est une sorte de dahlia vert que les femmes d'Océanie se plantent dans les cheveux, un peu au-dessus de l'oreille, les jours de gala. En examinant de près cette fleur, on s'aperçoit qu'elle est factice; elle est montée sur une tige de jonc, et composée des feuilles d'une toute petite plante parasite très odorante, sorte de lycopode rare qui pousse sur les branches de certains arbres des forêts. [...] Le tiaré est particulièrement l'ornement des fêtes, des festins et des danses; lorsqu'il est offert par une tahitienne à un jeune homme, il a le même sens à peu près que le mouchoir jeté par le sultan à son odalisque préférée.
>
> Pierre Loti, *Le Mariage de Loti.*

Chaussures

Kamik

Mot esquimau (1954); botte en peau de phoque.

> Les femmes chaussées de leurs belles kamiks blanches offriront le café et nous irons d'iglou en iglou, accueillis comme des frères.
> Jean Malaurie, *Les Derniers Rois de Thulé.*

Mocassin

De l'algonquin *makisin,* par l'anglais (1707); à l'origine, chaussure des Indiens d'Amérique du Nord, en écorce d'arbre résistante; aujourd'hui, chaussure basse en cuir très souple.

> Il porte une barbe mal taillée, de solides mocassins de toile chaussent le bas de forts pantalons de toile renforcés.
> Frison-Roche, *Peuples chasseurs de l'Arctique.*

La forme **moksen** est plus proche du mot d'origine :

> Des guêtres garnies de rubans de laine et de grelots entouraient leurs jambes, et leur chaussure se composait de ces moksens constellés de perles fausses que savent si bien confectionner les squaws.
> Gustave Aimard, *Le Chercheur de pistes.*

Muklok

Nom amérinien (1966); léger mocassin en cuir d'élan, à tige de toile ou de cuir de caribou.

> Les précieux mukloks en peau de caribou et semelle de moose qui remplacent nos modernes et luxueuses chaussures pour ascensions hivernales.
> Frison-Roche, *Peuples chasseurs de l'Arctique.*

Poncho : voir p. 201.

L'homme
en mouvement

Que ce soit par nécessité biologique ou physique ou pour suivre sa seule fantaisie, l'homme est un animal migrateur. Depuis toujours, semble-t-il, l'*homo movens* a eu la « bougeotte », un désir irrépressible d'aller voir « comment c'est » ailleurs.

Il est certain que l'eau (des rivières, des lacs, des fleuves, des mers) fut longtemps le vecteur le plus commode et le moins coûteux : la navigation et le transport des denrées de toute sorte par mer ou par cours d'eau sont connus dès la plus haute Antiquité. Sur terre, vraisemblablement, les progrès furent plus lents, et les découvertes techniques indispensables se firent attendre : il fallait en effet vaincre des forces considérables, alléger la pesanteur, inventer la roue, diminuer les frottements, inventer les multiples espèces de moteurs.

Nous ne concevons plus aujourd'hui de vivre de façon absolument sédentaire : bouger, changer de décor fait partie intégrante de nos « besoins naturels ». Mais c'est également, que l'on y songe! à la fois la source et la condition nécessaire de l'exotisme. Aussi l'homme s'est-il offert, peu à peu, tous les moyens du voyage. Nous passerons en revue quelques véhicules et termes techniques se rapportant à ce thème fondamental du « mouvement permanent de l'homme ». Certes, le mouvement perpétuel, pour les physiciens, est un mythe parfaitement hors d'atteinte : mais concrètement, toute l'existence humaine n'est-elle pas une illustration de cette sorte de hantise, de ce fantasme ravageur ? Quitte à se réciter, au soir de sa vie d'explorateur (en chambre ou sur le terrain!) les fameux vers de Du Bellay :

> *Heureux qui comme Ulysse a fait un beau voyage*
> *Ou comme cestuy là qui conquit la Toison*
> *Et puis est retourné, plein d'usage et raison,*
> *Vivre entre ses parents le reste de son âge!*

Déplacements
par voies de terre

Briska

Du russe *britschka* (1830); en Russie, légère calèche d'osier, facilement transformable en traîneau lorsque vient l'hiver.

Calèche

Du tchèque *kolesa,* par l'allemand *Kalesche* (1661); ancien véhicule attelé, découvert, à quatre roues et à capote mobile.

> Je rencontrai en chemin Gounsovski qui, avec ses deux amis, se trouvait fort en peine à la suite de la rupture d'une roue de sa calèche.
>
> Gaston Leroux, *Rouletabille chez le tsar.*

Filanzane

Mot malgache (fin du 19e siècle); sorte de légère chaise à porteur, caractéristique de Madagascar.

Palanquin

Sanskrit *paryanka,* « litière », par l'hindi *pâlaki* et le portugais *palanquin* (fin 16e siècle); chaise à porteurs, en Extrême-Orient, ou guérite d'osier accrochée sur le dos des éléphants et des chameaux.

> Après l'avant-garde, venait un palanquin porté par deux magnifiques mulets attelés, l'un devant, l'autre derrière, à des brancards dorés. Le palanquin était doré, peu riche et peu élégant; le dôme était orné de quelques franges de soie et aux quatre faces on voyait quelques peintures de dragons, d'oiseaux et de bouquets de fleurs. Le monarque tartare était assis, non pas sur un siège, mais les jambes croisées, à la façon orientale.
>
> Régis-Évariste Huc,
> *Souvenirs d'un voyage dans la Tartarie.*

Yi monte dans la chaise à porteurs envoyée par le Palais, qui, rideaux baissés, la mène vers son destin. C'est l'été. Son palanquin procède à travers les rues-gouttières asséchées, précédé d'un héraut d'armes, encadré de soldats mongols et d'eunuques papelards.

Lucien Bodard, *La Vallée des roses.*

Sam-Lô

Mots khmers, « trois roues » (1967); nom cambodgien du cyclopousse, ou tricycle à passagers, très usité en Asie du Sud-Est.

Son conducteur (que l'on appelle aussi sam-lô, « trois roues », le confondant avec sa monture, exposa Mario) était assis par terre, méditatif.

Emmanuelle Arsan, *Emmanuelle.*

Skidoo

Se prononce « skidou »; mot d'origine anglaise, répandu au Canada (vers 1960); engin motorisé à chenilles, spécialement adapté aux déplacements sur neige ou glace.

> Des congères barrent la route que franchissent en bondissant des amateurs de skidoo lancés à pleine vitesse. Cette étrange motocyclette sur chenilles a conquis les Eskimos.
> Frison-Roche, *Peuples chasseurs de l'Arctique.*

Téléga ou Télègue (fém.)

Féminin. Du russe *telega* (1859); véhicule rudimentaire à quatre roues, utilisé en Russie.

> Un homme était debout là-dessus, à qui Rouletabille donna un billet de trois roubles. Le reporter monta à côté de lui sur les planches, et les deux petits chevaux finlandais, dont la crinière pendait dans la crotte, partirent comme le vent. Curieusement primitive, la téléga se compose de deux planches jetées en long sur deux essieux où s'emmanchent quatre roues.
> Gaston Leroux, *Rouletabille chez le tsar.*

Toboggan

De l'algonquin *otaba*, « traîne », c'est-à-dire « traîneau » (fin 19ᵉ siècle); traîneau canadien à longs patins.

> La traîne des Indiens est la légèreté même. Elle n'a pas de lugeons, sa partie glissante est faite d'une seule planche d'érable d'environ trente centimètres de largeur, recourbée vers l'avant, et dont la principale caractéristique est la souplesse. En gros elle affecte et rappelle ce qu'on appelle chez nous un toboggan.
> Frison-Roche, *Peuples chasseurs de l'Arctique.*

Troïka

Mot russe (1859); grand traîneau tiré par trois chevaux attelés de front.

Déplacements
sur l'eau

Canoë

Venu d'une langue des Caraïbes, par l'espagnol *canoa* et l'anglais (1887); embarcation légère et portable, qui est l'instrument d'une activité sportive.

> Les Indiens harponnent le saumon, bien que ce ne soit pas la saison de pêche; ils sont farouches et menaçants. Il y en a plein des canoës dans les rivières.
> Blaise Cendrars, *L'Or.*

Canot

Même origine que le précédent, mais sans passer par l'anglais (1519); petite embarcation mue à l'aviron ou à la pagaie, et qui n'a pas nécessairement – à la différence du canoë – de caractéristiques « sportives ».

> Il connaissait la mer comme le chasseur connaît les bois. La vente finie, le canot tiré au sec, il prenait le chemin de sa petite case.
> Simone Schwarz-Bart, *Pluie et vent sur Télumée Miracle.*

Dans l'Ouest de la France, on prononce « canote » :

> De la rive, je hélai le bâtiment : Holà! de la Marie-Cardèz!
> – Ho! – Envoyez-moi un « canote ».
> Pierre Mac Orlan, *L'Ancre de miséricorde.*

Catamaran

Du tamoul *katta,* « lien » + *maram,* « bois », par l'anglais (milieu du 20ᵉ siècle); embarcation à deux coques accouplées, très rapide et pour cela fréquemment utilisée dans les grandes courses de voiliers. Ce mot désigne aussi un radeau de la côte de Coromandel, fait de troncs d'arbres liés entre eux.
On a construit en Occident, à partir de 1960 environ, des embarcations du même type, mais à trois coques, en créant du même coup le néologisme *trimaran.*

Doris

Mot américain (1874); embarcation utilisée par les Terre-Neuvas pour mouiller les lignes de fond.

> Les vingt-cinq doris furent mis à plat sur le pont. Ils étaient verts en dehors, roses en dedans, faits comme les bateaux de papier que plient les enfants.
>
> Roger Vercel, *Au large de l'Éden.*

Drakkar

Mot scandinave, « dragon » à cause de la figure de proue (1906); navire à voiles carrées et à rames, qu'utilisaient jadis les Vikings et les pirates normands.

Jangada

Du tamoul, par le portugais (1873); radeau très léger, portant une sorte de hutte, embarcation utilisée par les pêcheurs brésiliens. *La Jangada* est le titre d'un roman de Jules Verne (1881).

Jonque

Du malais *(a)jong* ou du javanais *djong* (1521); bateau à voiles (souvent pourvu d'un moteur auxiliaire) servant en Extrême-Orient à la pêche et au transport des marchandises.

> Les jonques ventrues tendant au vent de guingois quatre voiles raides comme des pelles.
>
> Paul Claudel, *Connaissance de l'Est.*

Kayak

Mot esquimau (1851); canot en peau de phoque qui sert aux Esquimaux pour la pêche; par extension, embarcation légère et sportive, dans laquelle une ou deux personnes trouvent place et « font corps » avec le bateau, dont l'étanchéité totale permet de descendre des cours d'eau torrentiels et de franchir des passes difficiles, voire des rapides.

> Un matin, deux doris dépannés à l'accore d'un îlot se virent soudain entourés par des kayaks groënlandais courant comme des navettes sur la trame lisse des eaux.
>
> Roger Vercel, *Au large de l'Éden.*

Pirogue

Du caraïbe, par l'espagnol *piragua* (1638); longue embarcation étroite, à fond plat, mue à la pagaie ou à la voile. Ce type de bateau est répandu autour du monde, sous les Tropiques.

> Les pirogues à balancier des pêcheurs de Ceylan qu'un flotteur rustique, maintenu par des bambous, empêche de chavirer, et si étroites que les indigènes ne pouvant s'y asseoir, s'y tiennent parfois debout comme des funambules, un seul pied dans la barque, l'autre traînant sur les vagues.
>
> Roland Dorgelès, *Partir.*

Au Sénégal, on dénomme *fayat* une grande pirogue qui peut contenir jusqu'à une douzaine de passagers.

Prame

Féminin. Du néerlandais *praam* (1702); petit bateau servant d'annexe à une embarcation plus importante.

Sacoleva

Féminin. Du grec moderne *sakolaipha,* de *sakos,* « étoffe grossière » + *laiphos,* « voile de bateau » (1829); bateau utilisé au Levant. Il est pourvu de trois mâts et son arrière est relevé. La forme *sacolève* est du genre masculin.

Sampan

Du chinois *san,* « trois » + *pan,* « bord » (16e siècle); embarcation chinoise à voile unique, qu'on manœuvre à la godille et qui comporte un habitacle permettant de vivre à bord.

> Déjà, les hommes descendaient le sentier, portant les sacs sur le dos, et les déposaient sans bruit dans les sampans, qui commencèrent une navette entre le rivage et la jonque.
>
> Pierre Boulle, *Les Vertus de l'Enfer.*

On rencontre parfois le dérivé **sampanier** :

Le sampanier, à l'arrière de sa nacelle, soulevant le couvercle de bois, surveille d'un œil bien content la maturité de son fricot.

Paul Claudel, *Connaissance de l'Est.*

Sloop

Du néerlandais *sloep* (1752); petit bateau à mât vertical, gréé en cotre.

Bien que la nuit fût profonde, la tentative de soustraire la coque intacte du brick aux recherches du sloop des Douanes était audacieuse.

Édouard Peisson, *Les Écumeurs.*

Yole

Du danois-norvégien *jolle,* par le néerlandais *jol* (1702); embarcation sportive, allongée, mue à l'aviron.

En échange, il lui offrit la petite yole de repérage arrimée sur la dunette et qui s'ajoutait aux deux chaloupes de sauvetage réglementaires.

Michel Tournier, *Vendredi ou les limbes du Pacifique.*

Youyou

Probablement mot chinois (1831); petite embarcation de service manœuvrée à la rame ou à la godille.

Billinger sauta dans le youyou, ralluma le fanal et s'écarta de la coque.

Édouard Peisson, *Les Écumeurs.*

Dans la main
de l'homme

Dès la préhistoire, l'esprit de l'Homme a développé les pouvoirs de sa main, a prolongé cet outil naturel de mille manières. Aussi trouve-t-on, dans la main de l'homme, un grand nombre de choses d'aspect et de fonction variés.

L'*échange*, le mouvement permanent de la prise et de l'offre, a suscité ce symbole économique qu'est la **pièce de monnaie**, résumé du commerce, du pouvoir de survie et du pouvoir tout court. Dans sa vie quotidienne, l'Homme s'est aussi forgé un certain nombre d'**ustensiles** devenus indispensables pour porter et transporter, pour cuire, pour manger, etc. Enfin, ou peut-être bien d'abord, face aux autres animaux, ses concurrents directs, puis, hélas! face à lui-même, c'est-à-dire à son semblable, il a inventé, avec un génie toujours renouvelé, des **armes**, blanches ou sophistiquées, plus ou moins efficaces, destinées à le défendre, certes, mais aussi à attraper et à tuer, pour sa subsistance ou sa sécurité. La bombe atomique elle-même, n'a-t-elle pas eu, et n'a-t-elle pas encore, de Bikini à Mururoa, un étrange parfum d'exotisme? Mais ne voyons pas uniquement le côté négatif de ces manipulations : à l'évidence l'être humain est fondamentalement un *homo faber*, même si sa diabolique intelligence l'a parfois détourné de sa très noble vocation « classique » d'*homo sapiens*!...

Les monnaies

Dans tous les romans d'aventures, lorsqu'on ne paie pas « en monnaie de singe », on fait sauter dans sa main la monnaie du pays, au nom bien spécifique et qui sonne souvent de façon évocatrice, tout à fait indépendamment de sa valeur réelle sur le marché des changes. Nous nous limiterons ici aux exemples les plus sonnants et trébuchants, nous voulons dire les plus pittoresques.

Bolivar

Nom d'un grand général sud-américain, émule de Napoléon (1819); unité monétaire du Venezuela.

> Une même satisfaction ornait les sourires silencieux du chauffeur, des créoles, d'Eduardo et du missionnaire pendant qu'il sortait de son portefeuille des derniers 100 bolivares.
>
> Jean Monod, *Un riche cannibale.*

Centavo

Mot espagnol (20ᵉ siècle); centième partie (cf. en français *centime*) de l'unité monétaire de base, dans plusieurs pays d'Amérique centrale et d'Amérique du Sud.

> Ils s'étaient fait une table et des sièges avec de vieilles caisses et jouaient aux cartes, leur revolver posé parmi les centavos de cuivre qui figuraient de plus grosses sommes.
>
> Albert T'Serstevens, *L'Or du Cristobal.*

Cruzeiro

Mot portugais du Brésil, dérivé de *cruz*, « croix » (1942); unité monétaire du Brésil. De très nombreuses monnaies portaient autrefois une *croix*, et l'on jouait à *croix ou pile*, équivalent de notre *pile ou face.*

Gourde

Mot féminin, de *(piastre) gourde*, de l'espagnol *gordo*, « gros » (1827); unité monétaire de Haïti.

Guinzé

Mot du centre de l'Afrique (1957).

> Pacotille de quincaillerie, bœufs, mouton, tabac, calebasses, guinzé enfin – ces pièces de fer employées aux échanges traditionnels.
>> Georges Balandier, *Afrique ambiguë*.

Kopeck

Mot russe (1607); centième partie du rouble.

> Le bandit, gardant les 2 roubles, rend la pièce de 50 kopecks à la tremblante enfant et y ajoute une pièce de 10 kopecks *de sa poche.*
>> Gaston Leroux, *Rouletabille chez le tsar.*

Cette monnaie est devenue « courante » dans la locution familière *ne pas avoir un kopeck*, « être complètement démuni d'argent ».

Pépite

De l'espagnol *pepita*, « pépin » (1714); fragment d'or dépourvu de gangue, qu'on trouve dans les cours d'eau aurifères ou dans certains terrains.

Peso

Mot espagnol, « poids » (d'or) (1839); unité monétaire de nombreux pays latino-américains (Argentine, Bolivie, Chili, Cuba, Mexique, etc.).

Piastre

De l'italien *piastro* (1595); monnaie de divers pays (notamment en Asie du Sud-Est).

> La guerre est arrivée là-dessus, trafic du riz, hausse de la piastre, et c'est maintenant un des richards de Cochinchine.
>> Roland Dorgelès, *Partir.*

Riel

Mot khmer (1961); unité monétaire du Cambodge.

Rouble

Du russe *ruble* (1606); unité monétaire de la Russie.

Roupie

De l'hindoustani *rûpiya*, « argent », par le portugais (1616); unité monétaire de l'Inde et du Pakistan. On l'utilise également à l'île Maurice, aux Maldives et aux Seychelles.

> La roupie, monnaie des Indes, vaut seize annas, donc seize annas, c'est le white man, le sang pur, le blanc sans mélange.
>
> Roland Dorgelès, *Partir*.

Attention : la *roupie de sansonnet* ne vaut, certes, pas grand-chose, mais ce n'est pas de la « monnaie de singe ». C'est de la morve de sansonnet. Tel était le sens, en ancien français, d'un autre mot *roupie*, d'étymologie inconnue.

Sapèque

Mot féminin, parfois masculin, du malais *sapek* (1850); ancienne monnaie chinoise et indochinoise, de très faible valeur.

> Quand c'était moi qui avais gagné le pari, il me donnait une sapèque, mais lorsque mon poisson avait perdu, je ne voulais jamais donner ma sapèque et grand-père riait en me disant que plus tard je saurais devenir très riche.
>
> Jean Hougron, *Soleil au ventre*.

Sen

Mot japonais (1878); centième partie du yen et d'autres monnaies d'Extrême-Orient.

Tael ou Taël

Du malais *ta(h)il*, par le portugais (1732); ancienne monnaie de Chine qui, dans les comptes, valait 36 grammes d'argent.

> Nous vendons des piastres et des taëls, du dollar et de la livre, et Shanghaï en absorbe, vous savez.
> Roland Dorgelès, *Partir*.

Yen

Mot japonais (1871); unité monétaire du Japon. Voir *sen*.

Zimbu

Mot congolais (20e siècle); coquillage qui servait de monnaie dans l'ancien royaume du Congo.

Les ustensiles ménagers

Calebasse

De l'espagnol *calabaza* (1542); fruit creusé et séché de diverses plantes (calebassier, cucurbitacées), qui a de nombreux usages en Afrique (mesures, instruments de musique, ustensiles culinaires, etc.).

> Elle s'empare de la calebasse qui contient le sang, en verse une partie sur la tête de Konya et sur les vêtements où ils dégouline déjà, épais et brun.
> Georges Balandier, *Afrique ambiguë*.

Canari

Mot galibi (1664); en Afrique, nom donné à un récipient de terre cuite, généralement destiné à recevoir des liquides.

> Elles s'en allaient alors, les unes derrière les autres, bavardes et joyeuses, toutes droites, portant sur leur tête, avec aisance et une coquetterie certaine, les canaris d'eau et les calebasses de nourritures, posés sur des coussinets de tissu ou de fibres végétales.
> Antoine Bangui, *Les Ombres de Kôh*.

Notons que le nom de l'oiseau **canari** vient de l'espagnol *canario*, « habitant des îles Canaries » déjà connues par les Romains sous le nom de *Canariae*.

Samovar

Du russe *samo*, « par soi-même » + *varit*, « bouillir » (1855); bouilloire à thé en cuivre, à chauffage autonome (par des braises, autrefois). C'est un ustensile très caractéristique des mœurs de l'ancienne Russie.

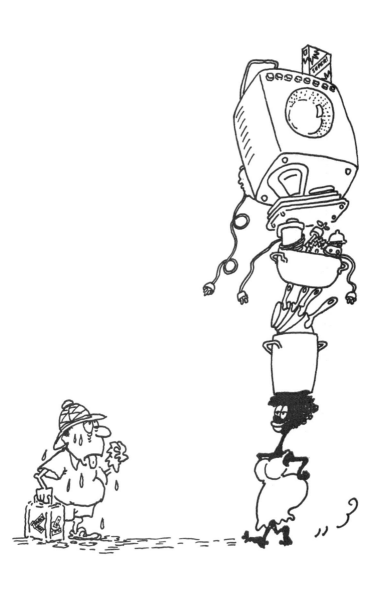

Les armes

Bolas

Masculin ou féminin : mot hispano-américain, « boules »
(1866); sorte de lasso des Indiens d'Amérique du Sud,
consistant en de longues lanières plombées qu'on lance
au loin et qui s'enroulent autour des pattes de l'animal
chassé.

Boomerang

Langue aborigène d'Australie, par l'anglais (1863); arme
de jet faite de bois dur, de forme coudée. Sa géométrie
particulière fait qu'elle revient dans la direction du
lanceur si le but est manqué.

Chicot(t)e

Du Portugais *chicote* (1840); fouet à lanières nouées au
moyen duquel on inflige des sévices corporels.

> Tu mets une serviette mouillée sur le dos. Après ça, tu
> peux taper. La chicote ne marque pas! Le dos du nègre,
> évidemment!
>
> Georges Simenon, *Le Coup de lune.*

Dum-Dum

Du bengali *damdama* (1899), nom d'une agglomération
située dans la banlieue Nord de Calcutta (Inde). On y
fabriqua la **balle dum-dum**, ou **balle explosive**, à l'ogive
cisaillée d'une croix. Ce projectile, redoutable par les
blessures horribles qu'il occasionnait, fut interdit par la
Convention internationale de La Haye dès 1899.

Knout

Mot russe, « fouet » (1681); fouet à lanière de cuir au
bout desquelles on fixait des crochets ou des boules de
métal; c'était un instrument officiel de supplice, sous les
tsars.

Kriss

Mot malais (1529); poignard à lame ondulée, et souvent ouvragée.

Lasso

De l'espagnol d'Amérique du Sud *lazo,* par l'anglais, (1826); longue corde se terminant par un nœud coulant, avec laquelle les gauchos (voir p. 254) attrapent le bétail.

> Sur un signe de don Miguel, six vaqueros bien montés s'élancèrent à toute bride au-devant de la manade, en faisant siffler leur lasso au-dessus de leur tête.
> Gustave Aimard, *Le Chercheur de pistes.*

Machet(t)e

Masculin ou féminin, de l'espagnol *machete* (1743); sabre d'abattage à lame épaisse et poignée courte, qu'on utilise à la volée et qui sert soit comme arme, soit comme coupe-coupe, pour se frayer une voie à travers une végétation épaisse.

> Au bout d'un quart d'heure, Tou'inritsa s'est enfoncé dans la forêt en se frayant une voie à coup de machete.
> Jean Monod, *Un riche cannibale.*

Nagaïka ou Nahaïka

Mot russe, féminin (1907); fouet de cuir dont se servent les Cosaques.

Navaja

Féminin. Mot espagnol (1843); long couteau d'origine espagnole, utilisé surtout dans les pays d'Amérique latine.

> Dans sa manche droite il cachait une longue navaja tranchante comme un rasoir et acérée comme une aiguille.
> Gustave Aimard, *Le Chercheur de pistes.*

Nunchaku

Mot japonais (1972); arme constituée de deux bâtons attachés ensemble par une corde ou une chaîne; moderne « fléau d'armes », cet attribut économique d'une certaine délinquance urbaine est un engin redoutable qui permet soit d'assommer ou d'étrangler un individu, soit de casser un objet quelconque.

Sagaie ou Zagaie

Origine berbère, par l'espagnol *azagaia* (1637), mais d'abord *assagaie* (1546); javelot ou courte lance de nombreuses peuplades (surtout en Afrique).

> Tandis qu'ils avançaient entre deux haies de guerriers, de femmes et d'enfants, le fouet, le bâton, le plat de sagaie grêlaient sur eux.
> Bernard Clavel, *Compagnons du Nouveau-Monde.*

Surin

Du tzigane *tchouri,* « couteau » (1827); dans l'argot du milieu, appellation (aujourd'hui vieillie) de l'arme blanche : couteau à cran d'arrêt, poignard, etc.

Tomahawk

Mot algonquin (1707); hache de guerre utilisée par les Indiens d'Amérique du Nord.

> En ce moment, Nigamon, le prétendu mort, se releva en poussant son cri de guerre, en brandissant son toma-hawk.
>
> Gustave Aimard, *Michel Belhumeur.*

On rencontre parfois la graphie et / ou la prononciation erronées **tomawak.*

Et aussi...

Kiboko
Mot du Kénya, peut-être swahili (1958).

> Il avait à la main un kiboko, long fouet en peau de rhinocéros.
>
> Joseph Kessel, *Le Lion.*

Mbaha
Mot du Sénégal (1957).

> [Le garçon lébou] connaît vite la brousse où il s'adonne à la cueillette, au piégeage, à la chasse des petits annimaux pour laquelle il s'arme de la fronde mbaha, fabriquée avec l'écorce du baobab.
>
> Georges Balandier. *Afrique ambiguë.*

Yumi
Mot japonais (20e siècle); arc japonais du Moyen Âge.

Le travail :
outils et produits

Il existe peu de « mots exotiques » concernant ce domaine, ou du moins ils ne sont que faiblement enregistrés dans les dictionnaires et peu mentionnés dans les textes : soit que les outils et les machines correspondent à des réalités introduites par la colonisation et n'aient pas de caractère « indigène », soit que les textes que nous avons dépouillés hésitent, pour des raisons diverses, en partie « romanesques », à décrire les « travaux ennuyeux » et plus ou moins faciles de la vie quotidienne sous les Tropiques... D'autre part, un assez grand nombre de produits figurent dans se livre sous d'autres rubriques : voir *Les Végétaux* (*Plantes utiles à l'industrie,* pp. 66 à 72), *L'Homme et son corps* (*L'alimentation solide et liquide,* pp. 50 à 164; *Les drogues,* pp. 169 à 173), *Étoffes et vêtements,* pp. 193 à 205.

Nous avons voulu présenter ci-dessous quelques-unes des activités et des productions humaines spécifiques de certains pays, qui rappelleront au lecteur, au cas où l'exotisme le lui aurait, chemin faisant, fait perdre de vue, que le labeur et la sueur des hommes ne sont pas l'apanage des grisâtres et besogneux « pays tempérés », même si la valeur idéologique et économique qui s'attache à la notion de « travail » varie considérablement d'une région de la terre à une autre...

Bagasse

Mot féminin, de l'espagnol *bagazo*, « marc » (1724) ; résidu riche en cellulose, qu'on obtient après le pressage des cannes à sucre.

> Je me dépêchais, à cause de l'odeur de bagasse, de sueur.
>
> Simone Schwarz-Bart,
> *Pluie et vent sur Télumée Miracle.*

Un homonyme masculin, le *bagasse,* désigne un arbre de Guyane (voir p. 46).

Corindon

Du telugu *corundum* (1795) ; nom donné jadis à l'alumine naturel qu'on trouvait en Inde (mais aussi en Afrique du Sud, au Kenya, etc.), aujourd'hui également à l'alumine artificiel, qu'on utilise comme abrasif dans la fabrication des meules.

Guano

Du quechua *huano*, par l'espagnol (1598) ; matière organique employée comme engrais et provenant de l'accumulation, dans certaines zones littorales ou insulaires, principalement sous les tropiques, d'épaisses couches d'excréments et de cadavres d'oiseaux, qui renferment une forte proportion d'azote et d'acide phosphorique.

> Par les rares jours de calme, des boutres récoltent le guano déposé sur le sommet au cours des siècles, en couche de souvent plus d'un mètre.
>
> Henri de Monfreid, *Les Secrets de la Mer Rouge.*

Indigo

Du latin *indicum*, « de l'Inde », par l'espagnol (1578) ; substance colorante, aujourd'hui synthétique, mais autrefois extraite d'un arbrisseau, l'*indigotier.* Elle est d'un beau bleu foncé tirant sur le violet.

> Vers 1720, des colons français, venus de France, s'établirent dans le pays des Indiens Attakapas avec l'idée de se livrer à la culture de l'indigotier et commercer de l'indigo.
>
> Jeanne Castille, *Moi, Jeanne Castille, de Louisiane.*

Kaolin

Du chinois *kaoling,* de *ling,* « colline » + *kao,* « élevé »,
par l'anglais (1712); roche argileuse avec laquelle on
fabrique des céramiques et de la porcelaine.

> Pour cet ustensile destiné à la boisson, il était nécessaire
> qu'un enduit spécial, à base de kaolin et d'huile, en doublât
> l'intérieur.
>
> Antoine Bangui, *Les Ombres de Kôh.*

Pacfung

Mot d'un dialecte chinois, par l'anglais (19ᵉ siècle);
alliage de cuivre, de zinc et de nickel, qui a l'apparence
de l'argent.

Saladero

Mot espagnol d'Amérique du Sud, « saloir » (1875); cuir
de bœuf préparé dans une saumure. C'est l'équivalent
argentin de ce qu'on appelle en Europe les « cuirs
salés ».

Seringueiro

Mot portugais du Brésil (1890); nom donné à ceux qui,
par saignées, récoltent le latex des hévéas, appelés
seringas. Voir à **caoutchouc,** p. 66.

Tincal ou Tinkal

Du malais *tingkal* (1752); nom donné en Orient au borate
de soude, ou borax, qu'on faisait venir autrefois du
Tibet.

Vesou

Mot créole des Antilles (1667); jus obtenu après le
passage des cannes à sucre dans les moulins.

> Les odeurs de vesou et de jus chaud pénétraient jusque
> dans les pièces des maisons.
>
> Édouard Glissant, *La Case du commandeur.*

Arts et cultures

Ici, il ne s'agit plus de l'animal humain limité et conditionné étroitement par ses besoins matériels, physiologiques et vitaux : c'est au contraire la part de gratuité, de distanciation avec le cruel immédiat, la réalité « rugueuse à étreindre », comme écrivait Rimbaud, qui nous intéresse. L'imaginaire de l'homme lui dicte nombre de ses créations, et on verra dans ce chapitre, après l'*homo faber* et l'*homo sapiens* (?), l'homme quotidien en jeu avec lui-même, et créant avec les sons, les formes, les couleurs, les nombres, toutes sortes d'activités qu'on pourrait qualifier de ludiques et aussi d'esthétiques.

L'homme de la planète Terre, malgré ses tares et ses faiblesses patentes et parfois désespérantes, est susceptible de culture : c'est-à-dire que, s'il le veut (collectivement), il détient certaines clés intérieures, certaines capacités souveraines – bref, une compétence qui lui permet de transcender dans son activité même la pauvreté immédiate du quotidien, de sortir du contexte qui le cerne, de s'élever parfois au-dessus du possible, et d'inventer son propre monde au lieu de *subir* une Nature terriblement envahissante. Le caractère universel de ce besoin de conquête apparaît clairement, semble-t-il, à travers les mots qui suivent, nombreux et divers, mais qui presque tous renvoient à cette fringale luxueuse qu'éprouve l'homme face aux « éléments » qui le narguent, à ce désir viscéral et fécond d'*acclimater* et d'*harmoniser* son propre décor, le cadre où il se condamne lui-même à vivre, ou plutôt ici, à *exister.*

La musique

Les instruments (et leurs musiciens)

Balafon

Mot malinké, de *bala,* « type d'instrument de musique »
+ *fo,* « jouer » (20ᵉ siècle); sorte de xylophone africain
monté sur des calebasses creuses et très répandu dans
l'Afrique tropicale.

> Et dans l'impatience des lendemains généreux, les balafons
> et les tam-tams entraînaient petits et grands dans les chants
> et les danses d'une espérance bientôt comblée.
> Antoine Bangui, *Les Ombres de Kôh.*

On rencontre, pour désigner l'instrumentiste, le dérivé
balafonier :

> Je les avais regardés passer, avec leurs cortèges de griots, de
> balafoniers et de guitaristes, de sonneurs de tambours et de
> tam-tam.
> Camara Laye, *L'Enfant noir.*

Balalaïka

Mot russe (1768); instrument de musique russe à trois
cordes pincées et à caisse triangulaire.

Banjo

Mot anglo-américain, altération de l'anglais *bandore,*
« guitare », du grec *pandoura,* « luth à trois cordes » ou,
selon d'autres, emprunt à l'espagnol *bandurria* (1857);
luth à caisse circulaire et dont la table d'harmonie est en
peau. C'est l'instrument favori des westerns.

Baralon

Mot guinéen (1957).

> L'autre frappe baralon, tenu au cou par une cordelette;
> c'est un tam-tam en forme de longue coupe prise dans une
> résille de cuir, et à pied de bois, que l'on attaque des deux
> mains.
> Georges Balandier, *Afrique ambiguë.*

Bouzouki ou Buzuki

Du grec moderne *bouzouki* (20ᵉ siècle); luth à long manche, très utilisé dans la musique populaire grecque.

Gamélan

Du javanais *gamel*, « instrument » (20ᵉ siècle); ensemble instrumental d'Indonésie, qui comprend un assez grand nombre d'instruments et de chanteurs.

Gong

Du malais *gung*, par l'anglais (1691); instrument à percussion, consistant en un disque de bronze suspendu, que l'on frappe de diverses manières. A Bali, il existe des ensembles orchestraux constitués par plusieurs gongs.

> Contre le mur, un tambour, énorme comme un foudre, un grand gong en forme d'as de pique.
> Paul Claudel, *Connaissance de l'Est.*

En Inde, le gong est nommé *tâla.*

Gusla ou Guzla

Mot serbo-croate *guzle,* par l'italien (1791); sorte de violon à une corde, très populaire en Yougoslavie. Le mot – et la mode littéraire de « l'Illyrie » – a été lancé en France par Nodier et Mérimée.

> Il sourit, attira à lui sa guzla, et promena légèrement sur l'unique corde de l'instrument son souple archet. Les sons tirés de la guzla, volontairement affaiblis, étaient monotones et graves.
> Constant Amero, *Miliza, Histoire d'hier.*

Kachapi

Mot indonésien (20ᵉ siècle); cithare sur table qu'on utilise à l'Ouest de Java pour accompagner le chant. Cet instrument comporte de 7 à 24 cordes.

Maracas

De l'espagnol d'Argentine *maraca* (20ᵉ siècle); instrument à percussion servant à marquer le rythme, dans les orchestres de type sud-américain. Il se compose de deux corps creux contenant quelques objets durs, que l'on agite en cadence (à l'origine, il s'agissait de calebasses séchées contenant des graines).

> Les cuivres tonitruent. Le rythme des maracas scande les cha-cha-chas.
>> Pierre et Renée Gosset, *L'Afrique, les Africains.*

Marimba

Mot africain (20ᵉ siècle); sorte de xylophone aux lames équipées d'un résonateur (de type varié : en bois, en calebasse, etc.).

Sanza (fém.)

Mot africain de Haute-Volta (20ᵉ siècle); instrument vibrant à languettes pincées, en bambou ou en métal. Il est tout à fait spécifique de l'Afrique noire. On le nomme également **mbira, kisanzi, koté, rubira,** etc.

Sitar

Mot hindi, masculin (1904); luth au long manche, en usage en Inde. Cet instrument a été rendu célèbre dans le monde entier par le compositeur Ravi Shankar, né à Bénarès en 1920.

Tabla

Mot hindi, masculin (20ᵉ siècle); tambour indien à une peau, accompagné d'une petite timbale *(baya)*, l'ensemble étant frappé avec main et poignet.

Tam-Tam

Onomatopée créole d'origine indienne et malaise (1773); en Orient, désigne une sorte de gong; mais en général, il s'agit d'un tambour de bois africain, qui sert à la fois d'instrument de musique et de moyen de transmission des messages.

> Oumar venait d'entendre l'appel du tam-tam; la tonalité grave, les battements rapides, le silence lourd qui suivait avaient leur signification pour lui : « Présage de malheur », pensa-t-il.
> Sembène Ousmane, *Ô Pays, mon beau peuple.*

Ce mot a parfois aussi le sens de « réunion accompagnée de tam-tam » :

> Un grand tam-tam était projeté pour le dimanche qui venait, tam-tam au cours duquel Koumba devait enfin choisir entre ses prétendants.
> Birago Diop, *Les Contes d'Amadou Koumba.*

Vina

Féminin Mot hindi (20ᵉ siècle); cithare indienne à quatre cordes et à deux résonateurs sphériques.

Zheng ou Tcheng

Mot chinois (20ᵉ siècle); cithare chinoise de forme allongée, qu'on pose sur une table pour jouer.

Chants, danses et genres musicaux

Bamboula

Bantou de Guinée *kam-bumbulu,* « tambour » (1688); désigne d'abord un tambour africain, voisin du tam-tam, puis une danse exécutée au son de cet instrument. Aujourd'hui, par un glissement de sens péjoratif, *faire la bamboula* signifie « festoyer bruyamment ». Enfin, ce mot dénote parfois, de façon raciste, le Noir d'Afrique :

> Ces blancs férus de l'Afrique de leur rêve [...] étaient là, aux aguets, à la recherche des rites, prompts à dévisser le capuchon de leur stylo, à pister le sauvage, le bon sauvage de leur enfance vierge des stigmates du temps : le « Bamboula! » et à écrire un livre.
>
> Ferdinand Oyono, *Chemin d'Europe.*

Bayadère

Du portugais *bailadeira* « danseuse », dérivé de *bailar,* « danser » (1770); danseuse sacrée de l'Inde. Un tissu *bayadère* comporte des bandes multicolores, par allusion au costume de certaines danseuses orientales.

Biguine

Mot antillais (1935); danse à deux temps, à la mode en France entre 1930 et 1950, caractérisée par un fort balancement des hanches.

> Elle modulait finement des mazoukes lentes, des valses et des biguines doux-sirop, car elle avait le bonheur mélancolique.
>
> Simone Schwarz-Bart,
> *Pluie et vent sur Télumée Miracle.*

Blues

Mot anglais, *the blues,* de l'expression *the blue devils,* « les démons bleus », équivalent de nos « idées noires »!

(1921); complainte des Noirs américains, issue des chants de travail forgés par les esclaves dans les plantations de coton.

> Même les prisonniers qui se tenaient aux hublots crièrent d'étonnement et de plaisir, et ils entonnèrent un de ces blues mélancoliques qu'ils avaient appris sur un disque de phono, car leur jeunesse était plus forte que l'inquiétude.
>
> Albert T'Serstevens, *L'Or du Cristobal.*

Bossa Nova

Portugais du Brésil, « nouvelle vague » (vers 1962); danse proche de la samba, en vogue au Brésil et en Europe dans les années 60.

Calypso

Masculin; nom de la nymphe *Calypso,* éprise d'Ulysse, d'après l'*Odyssée* d'Homère (vers 1960); d'origine jamaïcaine, le calypso est une danse très « balancée », sur une musique langoureuse et rythmée que le chanteur américain Harry Belafonte a beaucoup contribué à populariser dans les années 60.

Cha-Cha-Cha

Onomatopée (vers 1955); danse mexicaine sur un rythme à quatre temps, dans laquelle les danseurs sont face à face et séparés l'un de l'autre. Elle a connu une grande vogue dans les années 60.

> Mecca Dancing attire le regard de Jennifer, la plus enragée danseuse de l'île, la seule qui ait osé dire à un journaliste qu'elle apprendrait volontiers le cha-cha-cha.
>
> Hervé Bazin, *Les Bienheureux de la Désolation.*

Conga

Féminin. Mot hispano-américain (vers 1935); danse d'origine cubaine, à quatre temps, qui fut à la mode en France avant la Seconde Guerre mondiale et de nouveau dans les années 70.

Csardas

Féminin. Mot hongrois : « auberge de campagne »
(1890) ; danse populaire hongroise, issue des anciens *pas
de deux*.

Fado

Mot portugais, « destin », du latin *fatum* (1922) ; chanson
portugaise populaire, souvent pleine de nostalgie, accompagnée à la guitare. La chanteuse Amalia Rodriguez a
popularisé ce genre musical dans le monde entier, vers
1955, avec des fados très inspirés, comme *Barco negro,
Solidaô, Fallaste corazon,* etc.

Geisha

Mot japonais (1887) ; danseuse et chanteuse japonaise,
instruite et raffinée, formée dès l'enfance dans des écoles
spécialisées.

GEISHA ROCK

Mambo

Mot hispano-américain (vers 1950); danse d'origine cubaine, qui tient de la rumba et du swing.

Matchiche

Féminin. Du portugais du Brésil *maxixe* (vers 1904); danse brésilienne à deux temps, en vogue au début de notre siècle, notamment à travers la chanson de caf'conc' *La Mattchiche,* interprétée en 1905 par Mayol à la Scala.

> *Cet air qui vous aguiche,*
> *C'est la mattchiche...*

Mazurka

Mot polonais (1929); danse polonaise à trois temps d'origine paysanne – du village de *Mazur,* dans la région forestière de Bialowieza.

Mérengué ou Méringue

D'un mot caraïbe (20e siècle); danse d'Haïti et de Saint-Domingue, voisine de la samba, en moins syncopée. Elle s'exécute avec un fort déhanchement.

Pogo

Mot masculin, d'origine inconnue, venu par l'anglais (1978); danse exotique adoptée par les punks, et dont les pas sont entrecoupés de sauts « athlétiques ».

Polka

Du tchèque *pulka,* « moitié » (1842); danse à deux temps, d'origine tchèque. Elle fut très en vogue au 19e siècle, où elle comportait de nombreuses variantes.

Redowa

Du tchèque *rejdovak,* par l'allemand (1846); danse ancienne à trois temps, proche de la mazurka.

Reggae

Anglais de la Jamaïque (vers 1975); musique des *rastas* (voir p. 288), diffusée surtout, à partir de 1975, par le Jamaïcain Bob Marley, et qui connut un immense succès dans le monde entier.

> Contraction de *regular people*, « gens ordinaires », le reggae est une musique jamaïcaine au rythme binaire dont les instruments sont les mêmes que ceux de l'orchestre de rock and roll traditionnel [...] Né d'un ralentissement progressif de la musique *ska* (1962), le reggae s'est d'abord appelé *rock steady* (1966) avant d'atteindre vers 1968 sa forme définitive : mélange de *rythm and blues* américain et de *mento*, musique folklorique des Caraïbes.
>
> Hector Obalik, *Les Mouvements de mode expliqués aux parents.*

Rumba

Espagnol des Antilles (1932); danse cubaine à deux temps, en réalité originaire d'Afrique occidentale.

Samba

Portugais du Brésil (1948); danse scandée et rapide à deux temps, très en vogue dans les années 50.

Ska

Mot indigène (vers 1960); type de musique jamaïcaine qui a été exportée vers l'Angleterre en 1962 et a donné naissance à une mode (damiers noir et blanc). Elle est assez proche du *reggae* (voir ci-dessus).

Tamouré

Du polynésien *tamuré* (vers 1970); danse à deux temps, caractérisée par un rapide mouvement des genoux, alternativement ouverts et fermés.

Tango

De l'espagnol d'Amérique du Sud (1864); danse à deux temps, lente et savamment langoureuse, qui a acquis une célébrité mondiale et s'est parfois hissée au niveau d'un art véritable.

Les arts plastiques

Coromandel

Du nom d'une côte à l'est de l'Inde (17e siècle); on appelle *laque de Coromandel,* ou simplement *un coromandel,* un type d'objet chinois de grande beauté, au fond de laque noire; il s'agit le plus souvent de grands paravents à douze panneaux symbolisant les douze mois de l'année. Ces objets, dès le 17e siècle, transitaient par l'Inde, grâce à la Compagnie des Indes.

Curios

Abréviation de l'anglais *curiosity,* « objet curieux à vendre » (1926); objet de plus ou moins grande valeur, qu'on trouve chez certains brocanteurs.

> Le marchand de curios, celui qu'on appelle le Chinois à cause de son teint et de ses fines moustaches tombantes.
> Roland Dorgelès, *Partir.*

Emaki : voir **Makémono,** p. 244.

Ikébana

Mot japonais, « arrangement des fleurs » (vers 1975); art de la disposition harmonieuse et symbolique des fleurs, permettant de composer des bouquets chargés de significations. Un des raffinements de la demeure japonaise.

Kakémono

Mot japonais, « chose suspendue » (1894); peinture ornementale japonaise, sur soie ou papier, plus haute que large et qui représente souvent la grue *lencachen,* animal national du Japon.

Makémono

Mot japonais (1907); peinture japonaise plus large que haute. On rencontre aussi la forme *émakimono* (abrégée dans l'exemple suivant) :

> Un plan de travail gainé de cuir vert sur lequel est posé, en partie déroulé, un émaki (rouleau peint) représentant une scène célèbre de la littérature japonaise.
> Georges Perec, *La Vie mode d'emploi.*

Nabi

Mot hébreu, « prophète » (1888); nom adopté, en France, par un ensemble de peintres (Sérusier, Maurice Denis, Bonnard, Vuillard, etc.) qui se réclamaient de Gauguin et de l'art japonais, et cherchaient à s'émanciper de l'art officiel.

Maki-e

Mot japonais (vers 1980); technique de décor laqué à base de poudre d'or ou d'argent.

Surimono

Mot japonais, « chose imprimée » (18e siècle); estampe sur papier de luxe, que les riches Japonais commandaient comme faire-part ou cartes de vœux. Cet objet raffiné a disparu vers 1840.

Yakimono

Mot japonais; *yaki,* « cuit » + *mono,* « objet » (20e siècle); ce mot désigne toute espèce de poterie japonaise.

Yamato-e

Mot japonais, « peinture à la japonaise » (20e siècle); ce terme désigne la tendance à la japonisation, dès le 10e siècle de notre ère, de la peinture chinoise.

Écriture, littérature
et théâtre

Dazibao

Mot chinois, « grand journal mural écrit à la main »
(20ᵉ siècle); ce mode de communication publique joue un
grand rôle dans la politique de la Chine, dont les grandes
décisions et les événements marquants ont souvent été
annoncés au peuple par des journaux-affiches (notamment pendant la révolution culturelle, de 1966 à
1976).

Devanâgari

Mot hindi et sanskrit : *deva,* « divinité » + *nâgari,* « de la
ville » (1846); forme courante d'écriture du sanskrit, qui
se lit de gauche à droite. Ce mot s'abrège souvent en
nagari.

Haïkai ou Haïku

Mot japonais (1920); poème japonais traditionnel, composé de trois vers, le premier et le troisième de cinq syllabes, le second de sept syllabes.

Kabuki

Mot japonais, « art du chant et de la danse » (1895); spectacle traditionnel japonais, qui mêle des parties dialoguées, dansées et chantées.

Nô

Mot japonais (fin du 19e siècle); drame lyrique traditionnel du Japon, qui se déroule en deux parties (énigme – révélation) dans un décor très dépouillé.

> Il y a de fortes chances que le théâtre fût resté ce qu'il était à cette époque – un divertissement ésotérique pour intellectuels – si les groupes de savants avaient continué à en assumer seuls la création, comme ce fut le cas du Nô japonais, qui, codifié par l'école de Zéami, n'a jamais débouché sur la tragédie, ni même le théâtre en général.
> Jean Duvignaud, *Sociologie de l'art.*

Pantoum ou Pantoun

Du malais *pantun* (1829); poème à forme fixe d'origine malaise. Sa rythmique extrêmement réglementée a inspiré plusieurs poètes du siècle dernier : Baudelaire, Verlaine, Leconte de Lisle.

Prâcrit ou Prâkrit

Du sanscrit *prâkrta,* « vulgaire » (1846); langue populaire issue du sanscrit, intermédiaire entre ce dernier et les langues modernes de l'Inde du Nord.

Quipu ou Quipo

Mot quechua, « nœud » (1714); ensemble de cordelettes à nœuds, de couleurs et de torsions variées, qui servaient aux Incas à transmettre l'information, notamment numérique, et remplaçaient pour eux l'écriture.

> Ce « collier » vous l'apprendra, chef, répondit le jeune homme en retirant un « quipos » de sa gibecière. Les quipos sont des cordes fines, disposées d'une certaine façon, auxquelles on fait certains nœuds et qui sont de couleurs différentes; ces quipos remplacent pour les Indiens l'écriture qu'ils ignorent.
>
> Gustave Aimard, *Le Souriquet.*

Saga

Ancien scandinave, « dit, conte » (avant 1740); suite de longs récits, d'origine islandaise, anonyme; désigne aujourd'hui, le plus souvent, une sorte d'épopée familiale ou dynastique, telle qu'elle apparaît à travers une suite romanesque, un *serial,* un feuilleton télévisé, etc. Par exemple : *La Saga des Forsyte* (1906-1921) de John Galsworthy.

Samizdat

Mot russe, « auto-édition » (1960); s'emploie pour désigner des ouvrages qui circulent clandestinement en Union Soviétique et sont imprimés par des particuliers pour échapper à la censure.

Sanscrit ou Sanskrit

Du sanscrit, *samskrta* « régulier, parfait » (1756). Langue indo-européenne, parlée en Inde dans les deux millénaires précédant l'ère chrétienne. Source de plusieurs langues indiennes actuelles (hindi, bengali, urdû, etc.), elle est encore la langue sacrée de la religion brahmanique. Voir *prâcrit.*

Scalde

Du scandinave *skald,* « poète » (1755); sorte de barde nordique, qui célébrait les héros sous forme de récits recueillis ensuite dans les sagas.

Les jeux

Canasta

Mot espagnol d'Amérique du Sud, « corbeille » (1945);
jeu de cartes d'origine uruguayenne, qui se joue par
équipes et se rapproche, d'une certaine manière, du rami
(combinaisons et levées).

Go

Mot japonais (1969); jeu d'origine chinoise, où deux
joueurs cherchent à occuper au maximum un terrain de
lignes qui se coupent, à l'aide de pions blancs et noirs.
Georges Perec a publié un *Petit traité invitant à l'art
subtil du Go.*

Mah-Jong

Mot chinois, « je gagne » (vers 1923); jeu à quatre joueurs
qui s'apparente à la fois aux dominos et aux cartes. On y
joue avec des pions appelés « tuiles ».

> Elle voulait m'apprendre les règles du jeu de mah-jong
> auxquelles je ne comprenais rien.
>
> Patrick Modiano, *Quartier perdu.*

Mbaré

Mot du Tchad (20ᵉ siècle); jeu d'argent, répandu en
Afrique noire.

> Quoi qu'on jugeât chez nous sans la moindre indulgence
> les joueurs qu'on traitait plus volontiers de voleurs que de
> paresseux, car ils étaient l'un et l'autre, le « mbaré »,
> cependant, avait la cote. Ses fidèles adeptes se réunissaient
> à quinze ou vingt, assis en rond sous l'ombre complice d'un
> gros arbre. Ils misaient deux par deux, et utilisaient pour
> jouer des cauris, ces petits coquillages diversement colorés
> qu'on ramasse sur les berges sableuses de certains cours
> d'eau.
>
> Antoine Bangui, *Les Ombres de Kôh.*

Mikado : voir p. 286.

Seki

Mot japonais (20ᵉ siècle); au jeu de go, situation d'impasse où les joueurs sont obligés de neutraliser mutuellement pions et territoires conquis.

Siam

Ancien nom de la Thaïlande (vers 1685); ancien jeu de quilles appelé aussi *jeu de Siam,* qui se jouait avec une roulette décrivant sur le sol non pas une ligne droite, mais une courbe.

Zanzibar

Nom d'une île proche de la côte d'Afrique orientale (1884); le rapport entre cette référence géographique et ce jeu de hasard, dont le nom est souvent abrégé en *zanzi,* n'est pas élucidé. Il se pratique avec trois dés, et deux joueurs au moins.

> A midi, par exemple, avant de se mettre à table, il y avait la partie de zanzi, au bar, pour la tournée de Pernod.
> Georges Simenon, *Le Coup de lune.*

Société, religion, idéologie

Sans doute ce titre pourrait-il ou devrait-il se mettre au pluriel : infinie en effet est la diversité des structures humaines sur notre planète, quant à l'organisation de la société, au pouvoir temporel et spirituel des religions, à la force agissante des croyances et des superstitions, à la marque des « idées » sur la vie quotidienne des hommes... Une fois de plus, disons que nous ne prétendons pas brosser ici un panorama complet de la fourmilière terrestre. Nous nous contenterons de présenter quelques éléments pittoresques, spectaculaires, curieux, amusants et « instructifs » de ce tableau si bigarré que les voyageurs et écrivains « exotiques » ont tenté, avec plus ou moins de bonheur, de nous faire apprécier.

Longtemps, la pensée occidentale s'est annexé l'Univers. Aujourd'hui, c'est la revanche des faits têtus sur les impérialismes intellectuels. Le foisonnement des créations et des activités de l'homme, dans tous les pays, à tous les niveaux, dans tous les domaines, se révèle enfin comme un immense patrimoine, comme la richesse originelle du monde où chacun peut puiser et trouver ou retrouver des racines perdues, des sources enfouies, des raisons d'être et de faire. Ce n'est pas un hasard si le thème de la « différence » connaît actuellement un large succès et permet de repenser les difficiles relations de l'homme avec l'autre, de mieux comprendre son passé, et peut être d'envisager un avenir à construire solidairement.

Structures sociales
et professionnelles

Boyard

Du russe, « seigneur » (1415); nom donné en Russie, jusqu'en 1917, aux nobles; par extension, aux gens riches.

> Des journaux de Paris avaient donné de lui des portraits redoutables, plus ou moins authentiques, mais où l'art du photographe ou du graveur avait soigneusement souligné les rudes traits d'un boyard peu accessible à la pitié.
> Gaston Leroux, *Rouletabille chez le tsar.*

En vieux russe, *boyarine* a donné **barine,** féminin **barinia,** au sens de « maître, maîtresse ».

> La barinia quitta la véranda où elle venait d'avoir cette conversation avec le vieil intendant du général Trébassof, son mari.
> Gaston Leroux, *Rouletabille chez le tsar.*

Cacique

De l'arawak, par l'espagnol (1515); chef des anciens Mexicains, puis chef indien.

> Épars çà et là dans de misérables villages ou ranchos, ils vivent en tribus séparées, gouvernés par leurs caciques.
> Gustave Aimard, *Le Chercheur de pistes.*

Dans l'argot des grandes écoles, ce mot désigne celui qui est reçu premier à l'École Normale Supérieure (équivalent du *major* de Polytechnique).

Caste

Du portugais *casta,* « race », féminin de *casto,* « pur » (1615); ce mot, désignant un groupe social cohérent et attaché à la défense de ses privilèges, s'applique avant tout à l'Inde, dont la structure sociale est extrêmement hiérarchisée.

> L'Indien n'est pas un individu, qui se trouverait appartenir
> à une caste au sens où l'on dit que l'Européen est un
> individu qui appartient à une nation : il est membre de sa
> caste, comme un vrai chrétien est baptisé avant d'être
> individu.
>
> André Malraux, *Antimémoires*

Ce mot a pris en France, aujourd'hui, un sens polémique
et nettement péjoratif.

> Alexis n'était pas mécontent de pouvoir saisir l'occasion de
> secouer un peu les vieilles structures de la caste des prêtres
> pour la remodeler à son idée et à son profit.
>
> Jean d'Ormesson, *La Gloire de l'Empire.*

Congaï ou Congaye

De l'annamite *con gaï,* « la fille » (fin du 19e siècle) ; jeune
fille ou femme annamite, dans le langage des colons.

Coolie

Se prononce « kouli » ; du hindi *Koli,* nom d'une peuplade misérable de l'Inde (1575) ; travailleur oriental,
situé tout au bas de l'échelle des qualifications.

> Le bruit de la Chine, le bruit de Pékin, c'est le ahan des
> coolies, arrachement bestial de la chair sous la charge,
> essoufflement énorme, menace et prière au monde : place
> pour ma misère...
>
> Lucien Bodard, *La Vallée des roses.*

Cornac

Du cinghalais *kûrawa-nâyaka,* « dompteur d'éléphants »,
altéré et transmis par le portugais (fin du 17e siècle) ; en
Inde, homme qui dresse et conduit les éléphants.

> Derrière le cornac accroupi entre les oreilles du pachyder-
> me, se dresse un palanquin dans lequel ont pris place un
> Européen à favoris roux coiffé du casque colonial et un
> maharadjah dont la tunique est incrustée de pierreries.
>
> Georges Perec, *La Vie mode d'emploi.*

Le mot indigène **mahout** (mot hindi, 1870) se rencontre
plus rarement dans les textes français.

Cosaque

Du russe *kosak* (1578); cavalier de l'armée russe, qui s'est acquis une sorte de réputation de brutalité sauvage.

> Les Cosaques avec leur hetman, les archers massagètes, les frondeurs baléares.
> Jean d'Ormesson, *La Gloire de l'Empire.*

Daimio

Mot japonais; aristocrate militaire influent au Japon jusqu'au milieu du 19ᵉ siècle.

Doudou

Mot créole des Antilles (vers 1930); désignation affectueuse de la femme dont on est épris. Voir citation de Malraux à **madras,** p. 196.

Gaucho

De l'araucan ou du quechua *cachu,* « camarade, pauvre » (vers 1822); gardien à cheval des troupeaux, dans les pampas d'Amérique du Sud. C'est l'équivalent du *cowboy* Nord-Américain.

Griot

Mot africain d'origine mal connue, peut-être du portugais *criado,* « serviteur » (fin du 17ᵉ siècle); Noir d'Afrique à la fois poète, musicien et quelque peu sorcier. Il est dépositaire de la tradition narrative orale (on l'appelle **diali** au Soudan, **guéwel** au Sénégal).

> D'autres vieilles femmes, d'autres griots les [ces contes] disaient, et les chants qui les entrecoupaient et que tous reprenaient en chœur, étaient souvent rythmés par le roulement du tam-tam, ou scandés sur une calebasse renversée.
> Birago Diop, *Les Contes d'Amadou Koumba.*

Heiduque

Orthographe variable, du hongrois *hajduk*, « boyard » (19ᵉ siècle, voir ce mot); autrefois, soldat de certaines milices hongroises; plus tard, « domestique en livrée de style hongrois ».

> En face de lui, je me sentirais peu à peu plus balkanique que jamais, un de ces haïdouks exaltés et épais qui se cousent la peau quand ils font un ourlet à leur pantalon.
> Patrick Besson, *Dara.*

Hetman

Mot slave (1769); chef élu des clans cosaques.

Houligan

Du russe *khouligan,* par l'anglais (1913); nom donné en Russie, puis en Union Soviétique et dans les pays de l'Est, aux voyous et aux asociaux dangereux.

> Je sortais de la patinoire et je fus abordée par un kouligane : « Donne-moi vingt kopecks », dit le kouligane. J'étais tellement effrayée que je ne parvenais pas à ouvrir mon sac à main.
> Gaston Leroux, *Rouletabille chez le tsar.*

Hussard

Du hongrois *huszar,* « le vingtième », parce que, au cours des guerres contre les Turcs, chaque village de Hongrie devait fournir, pour vingt habitants, un cavalier avec son équipement (1605).

> Tu te crois plus forte qu'un de mes vieux hussards, se disait Angélo. Ils mangent de la polenta au vin quand ils sont dans les coups de chien. C'est avec des choses aussi bêtes que ça qu'on se fait de la force de caractère.
> Jean Giono, *Le Hussard sur le toit.*

L'expression *à la hussarde* caractérise une action brutale et plus ou moins violente, avec parfois un zeste d'érotisme. La variante *housard* est vieillie :

> Le housard salua et se retira avec componction.
> Jean de La Varende, *Le Cavalier seul.*

Koulak

Mot russe, d'origine tartare (1931); riche propriétaire foncier, dans la Russie tsariste.

Magnat

Mot polonais, « grand de Pologne ou de Hongrie » (1732); individu riche et puissant, dans un domaine déterminé de l'économie d'un pays.

> Il portait le même nom que le roi de l'alimentation et des grands magasins qui soupait sur l'estrade. Pire : il se prétendait cousin éloigné du magnat et détenteur de documents de nature à expédier celui-ci en prison.
> René-Victor Pilhes, *La Pompéi.*

Mahara(d)jah : voir Ra(d)jah

Mandarin

Du malais *mantari,* « conseiller » (substantif), altéré par le portugais d'après *mandar,* « mander » (1581); haut fonctionnaire d'un Empire d'Extrême-Orient; par extension, intellectuel titré et influent (parfois de manière excessive).

> Aux galeries supérieures, les riches et les mandarins fument leurs pipes et boivent le thé dans des tasses à soucoupes de cuivre.
>
> Paul Claudel, *Connaissance de l'Est.*

> Moi, par contre, je les connais, des notables parmi les mandarins, je dirais même des prototypes.
>
> Robert Merle, *Derrière la vitre.*

Marron

Mot des Antilles, altération de l'hispano-américain *cimarron,* « réfugié dans un fourré » (1640); nom donné aux esclaves qui s'échappaient des plantations et se cachaient tant bien que mal.

> Après l'abolition, Minerve avait erré, cherchant un refuge loin de cette plantation, de ses fantaisies, et elle s'arrêta à l'Abandonnée. Des marrons avaient essaimé là par la suite et un village s'était constitué.
>
> Simone Schwarz-Bart,
> *Pluie et vent sur Télumée Miracle.*

Ce mot se rencontre plus souvent comme adjectif : ***un nègre, une négresse marron.*** Il est même employé comme adverbe dans la citation suivante :

> Prendre les grands bois, « s'échapper marron », selon une expression de mon peuple qui veut dire partir au loin et à jamais et qui trouve son origine chez les Noirs qui, refusant leur condition d'esclaves, gagnaient la montagne et la forêt.
>
> Jeanne Castille, *Moi, Jeanne Castille de Louisiane.*

Enfin, aujourd'hui, en France, l'adjectif ***marron*** accolé à certaines professions libérales caractérise un praticien à la moralité douteuse, une « brebis galeuse ».
Le nom du fruit du marronnier, et, par extension, de sa couleur, a une tout autre origine, et semble appartenir au substrat pré-romain de notre pays.

Moujik

Mot russe, diminutif de *mouj*, « homme » (1727); paysan russe, sous le régime tsariste.

> Le costume même des moujiks aux blouses éclatantes, aux chemises roses par-dessus le pantalon, les grègues larges et les bottes à mi-jambes.
>
> Gaston Leroux, *Rouletabille chez le tsar.*

Mousmé

Du japonais *musumé* (1887); jeune femme japonaise. Ce mot est souvent employé péjorativement en français (et rapproché, à tort, de **moukère,** d'origine arabe).

Nabab

Mot hindoustani (1653); riche colon européen aux Indes; en général, désigne un personnage fastueux.

Nhaqué

Se prononce « nyakoué »; mot vietnamien, « paysan » (fin du 19e siècle); en français, désignation (souvent péjorative, voire raciste) du paysan d'Asie du Sud-Est.

> Que de révérences et de génuflexions tandis que d'un seau attaché à deux cordes le couple des nhaqués va chercher dans tous les creux le jus de crachin pour en oindre la terre bonne à manger!
>
> Paul Claudel, *Connaissance de l'Est.*

> Il se demandait ce que signifiait cette histoire, s'en prenait à la sottise de ces nha-qué qui ne savaient pas ce qu'ils disaient, mélangeaient toujours le vrai et l'imaginaire.
>
> Raymond Jean, *Le Village.*

Pallikare

Du grec moderne *pallikari,* « brave, homme valeureux »
(1832); autrefois, militaire grec combattant les Turcs;
aujourd'hui, paysan grec resté fidèle à la tradition ances-
trale.

> Un palikare, qui montait à bord, se balançant sur les
> hanches de cet air arrogant et vainqueur particulier aux
> Albanais, suffisait pour transporter son esprit dans ces
> montagnes acrocérauniennes.
> Arthur de Gobineau, « La Vie de voyage »,
> in *Nouvelles asiatiques.*

Paria

Du tamoul *paraiyan,* « joueur de tambour », par le
portugais (1693); en Inde, individu hors caste, de condition très modeste.

> Division de l'Hindou et du Musulman, des riches et des
> pauvres, des hautes et des basses classes, des hommes de
> caste et des parias.
> Lanza del Vasto, *Vinôbâ ou le nouveau pèlerinage.*

Les parias sont appelés également ***intouchables;*** ils sont
« sacrés » au sens latin, c'est-à-dire qu'il n'est pas permis
d'avoir le moindre contact avec eux. Ce mot de ***paria*** a
fini par désigner, en France, tout individu qui s'est
affranchi, volontairement ou non, des règles habituelles
de la vie en société.

> Je comprends combien j'aimais ce brave garçon, dévoué et
> affectueux, qui a voulu me suivre, malgré le mépris de mes
> compatriotes et la malveillance des fonctionnaires, dans la
> vie de paria que je me suis donnée.
> Henri de Monfreid, *Les Secrets de la mer Rouge.*

Péon (pluriel **Péones**)

Mot hispano-américain, « journalier », du latin *pedo, pedo-
nis,* « piéton », « fantassin » (1858); paysan pauvre d'Amérique du Sud.

> Don Miguel employait un nombre considérable de péones,
> à cause de la culture de la canne à sucre qu'il faisait sur une
> grande échelle.
> Gustave Aimard, *Le Chercheur de pistes.*

Ra(d)jah (féminin **Rani**)

De l'hindi *râja*, « roi » (1521) même racine indo-européenne que le latin *rex*, qui a donné *roi*); souverain(e) d'une principauté indienne.

> Commerces étranges où un marchand à barbe de rajah veille paresseusement sur des caisses vides.
> Roland Dorgelès, *Partir.*

On rencontre aussi la forme emphatique ***mahara(d)ja(h)*** (avec *maha*, « grand », milieu du 18ᵉ siècle) :

> Il répondit que c'était un Maharadja qui était assis à une table toute incrustée d'ivoire et qui dînait avec ses trois lieutenants.
> Georges Perec, *La Vie mode d'emploi.*

Sachem

Mot iroquois (1801); vieillard respecté comme un chef ou un conseiller, chez les Indiens d'Amérique du Nord.

> A neuf heures, les coureurs des bois et les sachems indiens se réunirent en un conseil-médecine. Les chefs indiens étaient cinq.
> Gustave Aimard, *Michel Belhumeur.*

Samouraï ou Samuraï

Mot japonais, dérivé de *samurau*, « servir » (1852); guerrier japonais qui conserva, du Moyen âge à la fin du 19ᵉ siècle, le même aspect farouche, popularisé par le cinéma, notamment dans *Les Sept samouraïs,* de Kurosawa (1954).

> Ces samouraïs en costume de cour, que l'on peut voir seulement de dos au palais de Kyoto, mais dont les mannequins tremblent imperceptiblement au bruit calculé du parquet, qui devait alerter les gardes de l'Empereur...
> André Malraux, *Antimémoires.*

Jean-Pierre Melville, dans son film *Le Samouraï* (1967), a fait incarner par Alain Delon une version moderne et policière de « la solitude du guerrier ».

Squaw

De l'algonquin, par l'anglais (fin du 18e siècle); épouse d'un Indien d'Amérique du Nord.

> S'accroupir nue, ça manquait de dignité, ça faisait squaw de chef indien.
>
> Robert Merle, *Derrière la vitre.*

Staroste

Du polonais *starosta* (1606); seigneur noble de l'ancienne Pologne, possesseur d'un fief.

Tapalé

Mot du Sénégal (1958).

> D'autres, ceux qui sont réveillés, pérorent interminablement, parents ou simples tapalés, ces clients au sens romain de protégés, hôtes ou familiers que l'honneur commande d'entretenir pour quelques jours, pour quelques semaines ou pour la vie.
>
> Pierre et Renée Gosset, *L'Afrique, les Africains.*

Tonton Macoute

Locution haïtienne, « l'ogre au grand sac » de *tonton,* nom enfantin de l'oncle + *macoute,* altération du caraïbe *djacoute,* « grand sac » (vers 1970); désigne d'abord un croque-mitaine antillais, puis, à l'époque de Duvalier (alias « Papa Doc »), les membres de la terrible police parallèle en Haïti.

> Ni la famine endémique, les massacres ni la torture, le désert ni les épidémies, macoutes ni escadrons de la mort, colonels fascistes ni pelotons d'exécution ne peuplaient nos mornes pour les dépeupler.
>
> Édouard Glissant, *La Case du Commandeur.*

Tourlourou : voir p. 145.

Uhlan

Du mot tartare *oglan,* « enfant », par le polonais (1748); mercenaire à cheval des armées polonaise, allemande ou autrichienne. Il y eut des cavaliers uhlans en France au milieu du 18ᵉ siècle.

Vahiné

Mot tahitien (1900); femme de Tahiti, « légitime » ou non.

> Quand la reine parut, tous les chœurs d'himéné entonnèrent ensemble le traditionnel: *La ora na oe, Pomare vahine!* (Salut à toi, reine de Pomaré!)
>
> Pierre Loti, *Le Mariage de Loti.*

Vaquero

Mot espagnol dérivé de *vaca,* « vache » (19ᵉ siècle); en Espagne et surtout en Amérique du Sud, conducteur de troupeaux de bœufs.

Voïvode

Mot slave, « chef d'armée » (1546); gouverneur dans les pays d'Europe orientale, jusqu'au milieu du 20ᵉ siècle.

Religion, rites et croyances

Ashram

Mot hindi (1960); en Inde, sorte de monastère rassemblant des disciples autour d'un maître spirituel.

Avatar

Du sanskrit *avatâra*, « descente sur terre » d'un être divin (1800); ce mot désigne à l'origine l'incarnation d'un dieu, particulièrement celle de Vishnou, grand dieu solaire de l'hindouïsme.

> Je me demandais quel allait être le nouvel avatar de notre Vénus métamorphosée en tireur à l'arc.
> Michel Tournier, *Vendredi ou les limbes du Pacifique.*

En français, ce mot s'est considérablement affaibli, et en vient à signifier toute transformation, tout changement et surtout toute dégradation d'un original.

Bodhisattva

Mot sanskrit : *bodhi*, « sage » + *sattva*, « état » (1859); croyant hindou qui a franchi toutes les étapes de la sainteté, sauf la dernière, qui fera de lui un *bouddha* (voir ce mot, p. 264).

Bonze

Du japonais *bozu*, par le portugais *bonzo* (1570); religieux bouddhiste.

> Les bonzes accomplissent les rites. Ils ont une robe grise, un grand manteau d'un ton léger de rouille attaché sur l'épaule comme une toge, des houseaux de toile blanche, et quelques-uns une sorte de mortier sur la tête.
> Paul Claudel, *Connaissance de l'Est.*

Bouddha

Mot sanskrit (début du 19e siècle).

> Bouddha signifie Sage, titre qu'on donne à Gautama
> Sakiamouni après son illumination, mais qui ne lui appar-
> tient pas exclusivement. Toute personne qui atteindrait à
> l'état du Bouddha deviendrait le *Bouddha.*
> Lanza del Vasto, *Vinôbâ ou le nouveau pèlerinage.*

On donne aussi le nom de **Bouddha** aux nombreuses
représentations plastiques de la divinité.

> Le grand temple obscur où brûlent des bâtonnets d'encens
> devant un grand Bouddha doré.
> Roland Dorgelès, *Partir.*

Le personnage historique que l'on considère comme le
vrai Bouddha vécut entre 560 et 480 environ avant J.-C.;
son véritable nom était *Gautama Siddârtha*, « celui qui a
atteint son but ».

Brahmane

Mot sanskrit *brahma*, « le divin » et aussi nom d'un Dieu
créateur, personnel et transcendant (16e siècle); membre
de la plus haute des castes, la caste sacerdotale. Il a pour
mission d'étudier les **brahmana,** ou commentaires en
prose des **véda** (voir ce mot). Le brahmanisme est un
système socio-religieux de l'Inde qui préexistait au
bouddhisme et a été réformé par lui.

> Un brahmane qui ne saurait pas faire la cuisine risquerait
> de voir venir plus souvent que de raison l'onzième jour de
> la lune [jour de jeûne]. On n'a pas toujours sous la main un
> serviteur brahmane, or un repas préparé par tout autre est,
> pour un brahmane, impur, malsain pour sa dignité et pire
> que le poison.
> Lanza del Vasto, *Vinôbâ ou le nouveau pèlerinage.*

Confucianisme

Le mot (1878) est formé sur le nom de *Confucius,* en
chinois *Kongzi,* ou *Kongfuzi,* « maître Kong », célèbre
philosophe chinois des 6e-5e siècles avant J.-C., contem-
porain du Bouddha. Ses idées, plus d'un moraliste que
d'un philosophe, sont exposées dans son œuvre, *Chungiu,*
« Les printemps et les automnes ».

Éden

Mot hébreu, « délices » (1825); lieu où la Bible situe le Paradis terrestre. Ce mot est très largement employé en français pour désigner un séjour enchanteur, souvent fort éloigné de l'Europe. Plusieurs romanciers ont mis à l'honneur ce beau mot : Roger Vercel, *Au large de l'Éden* (1932), John Steinbeck, *East of Eden* (1952), Pierre Guyotat, *Éden, Éden, Éden* (1970), Alain Robbe-Grillet, *L'Éden et après* (film, 1969).

Elfe

Mot scandinave, « génie aérien », par l'anglais (1526); être mythique, que la tradition représente petit, léger et fuyant.

Fétiche

Du portugais *feitiço,* « artificiel », puis, comme nom, « sortilège » (1669); objet auquel certains cultes ou certaines superstitions accordent un pouvoir magique.

> Quels motifs poussaient les jeunes surréalistes à dérober les masques et les « fétiches » dans le tohu-bohu du vieux conservatoire ethnographique du Trocadéro ?
> Georges Balandier, *Afrique ambiguë.*

Goi ou Goy

Hébreu *goï,* « chrétien » (16e siècle); mot par lequel les juifs désignent familièrement les chrétiens.

> C'est ainsi que les Juifs français lui paraissaient infiniment plus proches des Français « goys » que de lui-même, Juif russe.
> Roger Ikor, *Les Eaux mêlées.*

Gourou

De l'hindi *guru,* « grave, vénérable » (1866); en Inde, maître spirituel, entouré de disciples.

> Le travail que j'ai pu mener à bien en reconnaissant le paysan comme mon gourou m'a donné cette humilité que je n'avais jamais eue auparavant.
> Lanza del Vasto, *Vinôbâ ou le nouveau pèlerinage.*

Ce mot s'emploie aujourd'hui, en France, de façon ironique pour désigner un « maître à penser », un philosophe influent et plus ou moins « nouveau ».

Gri-gri ou Grigri

Au pluriel **gris-gris** ou **grigris**; mot d'origine obscure, sans doute guinéen ou sénégalais, « esprit malfaisant » (fin du 16ᵉ siècle); en Afrique (parfois en Amérique), fétiche ou amulette destinée à éloigner surtout maladies et mauvais sort.

> Elle avait absorbé toutes sortes de breuvages, s'était entourée de gris-gris, de cornes, d'amulettes et de racines pour se préserver du mauvais œil.
> Sembène Ousmane, *O Pays, mon beau peuple.*

Kama-Sutra

De *Kama,* nom du dieu indien de l'Amour + *sutra* (voir **s(o)utra**; traité de l'union entre l'homme et la femme, écrit entre le 4ᵉ et le 7ᵉ siècle de notre ère et considéré comme faisant partie de la littérature religieuse de l'Inde, bien que son caractère fortement érotique ait permis et permette encore de nombreux détournements plus ou moins commerciaux.

> L'écriture est ceci : la science des jouissances du langage, son kâmasûtra.
> Roland Barthes, *Le Plaisir du texte.*

Kami

Mot japonais, « dieu, créateur » (1867); nom donné par les shintoïstes à tout être, naturel ou non, considéré comme divin. Ce mot est devenu un titre de noblesse (cf. l'ambiguïté en français de *seigneur*!). Voir **kamikaze,** p. 284.

Karma(n)

Du sanskrit *karman,* « acte », par l'anglais (1931); principe commun aux grandes religions de l'Inde, selon lequel toute vie humaine dépend des actes passés.

> Le karma est l'enchaînement (désastreux) des actions (de leurs causes et de leurs effets). Le bouddhiste veut se retirer du karma; il veut suspendre le jeu de la causalité; il veut absenter les signes, ignorer la question pratique : que faire? Je ne cesse, moi, de me la poser et je soupire après cette suspension du karma qu'est le nirvana.
> Roland Barthes, *Fragments d'un discours amoureux.*

LE TIBET ?..

AU FOND, A GAUCHE.

attention à la marche...

Lama

Du tibétain *blama*, « maître spirituel » (1629); religieux bouddhiste, tibétain ou mongol. Les lamas vivent dans des monastères appelés *lamaseries.*

> Les disciples nous disaient que leurs maîtres savaient tout; les maîtres invoquaient la toute-science des grands lamas; les grands lamas eux-mêmes se regardaient comme des ignorants à côté des saints de certaines fameuses lamaseries. Toutefois, disciples et maîtres, grands et petits lamas, tous s'accordaient à dire que la doctrine venait de l'Occident.
>
> Régis-Évariste Huc,
Souvenirs d'un voyage dans la Tartarie.

Le chef de la religion bouddhique, résidant à Lhassa, est appelé *dalaï-lama* (1935) :

> C'est à Jéhol que jadis les Empereurs recevaient l'allégeance du dalaï-lama.
>
> Lucien Bodard, *La Vallée des roses.*

La seconde autorité religieuse est le *panchen-lama,* plus proche idéologiquement de la Chine communiste que le dalaï-lama. Voir *bouddha,* p. 264.

Lingam

Mot sanskrit, « signe, symbole » (1765); symbole phallique lié dans les religions de l'Inde à l'idée de création.

> C'est un fait surprenant au premier abord que Shiv, le Prince des Ascètes, ait pour blason le Taureau et pour signe le Lingam ou Phallus. C'est sa forme la plus abstraite et la plus sainte. Il figure toujours ainsi dans la Celle la plus secrète et sacrée de son temple, aux murs épais et sans fenêtres, réduit à une borne ronde, au centre d'une vasque à recueillir le beurre liquide du sacrifice. Et dans sa rudesse rocheuse, dans son dépouillement géométrique, il ne peut provoquer en nous d'autre effet que d'arrêter l'intellect et le fixer sur la verticale médiane de notre corps, que de nous enseigner que l'âme attentive au Ciel est une colonne inébranlable au milieu exact du Moi.
>
> Lanza del Vasto, *Vinôbâ ou le nouveau pèlerinage.*

Macumba

Mot du Brésil; culte voisin du vaudou, que pratiquent certaines peuplades du Brésil.

Mahatma

Mot hindi, « grande âme » (1902); nom que les Indiens donnent à certains de leurs maîtres spirituels et religieux.

> Le fossé est plus grand entre zéro et un qu'entre un et un million. Le Mahatma Gandhi a passé de zéro à un.
>
> Lanza del Vasto, *Vinôbâ ou le nouveau pèlerinage.*

Mana

Mot mélanésien (1864); puissance surnaturelle et principe d'action, dans les religions animistes de Polynésie et d'Afrique.

> Les formes que nous appelons artistiques prennent soudain une charge d'émotivité et d'affectivité. Non seulement parce qu'elles paraissent concentrer le mana collectif ou représenter, même sous un aspect anecdotique, la substance sociale irrécupérable par des individus particuliers, mais surtout parce qu'elles constituent des électrons de signification immédiatement communicables.
>
> Jean Duvignaud, *Sociologie de l'Art.*

Manitou

De l'algonquin *manitu*, « génie dépendant du Dieu suprême » (1627); pouvoir surnaturel qui, pour les Amérindiens, peut s'incarner sous des formes humaines ou dans des objets. C'est par glissement de sens que l'on utilise ce mot pour désigner, souvent avec une certaine ironie, un « puissant personnage » dans un domaine déterminé.

Mantre ou Mantra

Sanskrit *mantra*, « instrument de pensée » (1954); syllabe ou phrase sacrée ayant un pouvoir spirituel.

> Désormais, Gandhi le [Vinôbâ] fit appeler souvent pour lui faire réciter des mantres, pour l'interroger sur le sens précis d'un terme sanskrit ou l'étymologie d'une expression prâcrite.
>
> Lanza del Vasto, *Vinôbâ ou le nouveau pèlerinage.*

C'EST UN DES GRANDS **MANITOUS** DE L'ENTREPRISE.

Nirvâna

Mot sanskrit, du pâli *nibbâna*, « évasion de la douleur »
(1844); état d'extinction de tout désir humain, visée
fondamentale dans la religion bouddhiste.

> La méthode est que le Sage, ayant fait évanouir successi-
> vement de son esprit l'idée de la forme, et de l'espace pur,
> et l'idée même de l'idée, arrive enfin au Néant, et, *ensuite,*
> entre dans le Nirvana.
>
> Paul Claudel, *Connaissance de l'Est.*

Pagode

Du tamoul *pagodi*, venu du sanskrit *bhagavat*, « saint,
divin », par le portugais (1553); terme générique désignant divers types de temples en Extrême-Orient.

> Il faut d'abord parler de la Pagode proprement dite. Elle se
> compose de trois tours et de trois temples, flanqués de
> chapelles accessoires et de dépendances [...] L'architecture
> chinoise supprime, pour ainsi dire, les murs; elle amplifie
> et multiplie les toits, et, en exagérant les cornes qui se
> relèvent, d'un élégant élan, elle en retourne vers le ciel le
> mouvement et la courbure.
>
> Paul Claudel, *Connaissance de l'Est.*

On rencontre parfois le diminutif **pagodon,** « petite
pagode ».

> Un charme de bosquets délicats, d'étangs à lotus, d'eaux
> vives, de petites collines où des marches mènent à un
> pagodon.
>
> Lucien Bodard, *La Vallée des roses.*

Au 18e siècle, en France, une certaine mode de l'Extrême-Orient amena de riches personnages à faire construire des pagodes, comme celle de Chanteloup, dans la
forêt tourangelle, près d'Amboise, monument par lequel
le duc de Choiseul, en disgrâce, exprima symbolique-
ment la fidélité de ses proches.

Pandit : voir p. 287.

Poussa(h)

Du chinois *pou-sa,* idole bouddhique assise les jambes croisées (1670).

> Un gros poussah doré habite sous le premier portique [...]
> De quoi jouit l'obèse ascète? Que voit-il de ses yeux fermés?
>
> Paul Claudel, *Connaissance de l'Est.*

Ce mot s'est dégradé, en français, et finit par désigner péjorativement tout personnage masculin, gros et peu sympathique. Voir **magot,** p. 84.

Sâti

Mot hindi, féminin de *sat,* « sage », venu par l'anglais (1839); nom donné autrefois aux veuves indiennes qui s'immolaient sur le bûcher de leur époux. Désigne aussi le rite lui-même.

Shinto ou Shintoïsme

Japonais *shintô,* « voie des dieux » (1765); religion polythéiste et animiste, qui fut celle du Japon jusqu'à la fin de la Seconde Guerre mondiale.

S(o)utra

Du sanskrit *sutra,* « fil » (1845); sorte de maxime, caractéristique de la mentalité indienne. Les sutra étaient à l'origine transcrits sur des feuilles de palmier : la brièveté était un grand avantage, pour les voyageurs qui « transportaient » ces recueils moraux et religieux, très appréciés.

> Soutres : recueil d'aphorismes brefs autour d'un sujet sacré. Une sentence de trois mots y contient parfois la substance d'un livre entier.
>
> Lanza del Vasto, *Vinôbâ ou le nouveau pèlerinage.*

Star(i)ets

Mot russe, « vieillard » (1849); nom qu'on donnait, dans la sainte Russie, aux ermites et aux pèlerins, considérés comme respectables et quelque peu prophètes.

St(o)upa

Mot hindi (1868); monument funéraire de l'Orient (notamment de l'Inde).

> Le groupe des nobles visiteurs grimpe une colline noirâtre à trois bosses. [...] Au sommet, un stupa étale sa rotondité blême et grotesque.
> Lucien Bodard, *La Vallée des roses.*

Tabou

Du polynésien *tapu,* « interdit, sacré », par l'anglais (1785); interdiction religieuse qui rend sacrés ou intouchables la personne ou l'objet déclarés tels. Le tabou correspond au *nefas* antique des Romains.

> « Cache-nous, Térii, dans ton faré... Tu es prêtre de ces gens-là », il jetait la main vers les autres : « Dis-leur que la place est tapu... que tu es tapu... que nous le sommes. »
> Victor Segalen, *Les Immémoriaux.*

> Le tabou, commun aux peuples de race polynésienne, a pour effet immédiat d'interdire toute relation ou tout usage avec l'objet ou la personne tabouée. Selon la religion maorie, quiconque porterait une main sacrilège sur ce qui est déclaré tabou, serait puni de mort par le Dieu irrité. D'ailleurs, au cas où la divinité tarderait à venger sa propre injure, les prêtres ne manqueraient pas d'accélérer sa vengeance.
> Jules Verne, *Les Enfants du capitaine Grant.*

Le verbe *tabouer* est aujourd'hui peu employé. Quant à la diffusion en Europe du mot *tabou,* elle s'est développée surtout à partir de l'œuvre de Sigmund Freud, *Totem et tabou* (1913).

Taleth

Orthographe variable; de l'hébreu *tallith,* de *tatal,* « couvrir » (1732); châle rituel dont les Israélites se parent pour leurs prières.

Talmud

Mot hébreu, « étude, doctrine » de *lamad,* « apprendre » (1611); recueil des textes des grands rabbins, constituant un vaste commentaire de la loi mosaïque (c'est-à-dire issue de Moïse et des « tables de la Loi »). Voir **Thora** (p. 274).

Tantrisme

Formé sur le sanskrit *tantra,* « doctrine, règle » (1906); religion de l'Inde, qui tient du bouddhisme tardif et de l'hindouïsme. On donne aussi au tantrisme bouddhique le nom de *trantrayana.*

Taoïsme

Formé sur le chinois *tao,* « raison, être suprême » (1906); religion populaire et très pragmatique de l'Extrême-Orient, fondée par le philosophe Lao-Tseu ou Laoi (6ᵉ siècle avant J.-C.), auteur du *Daodejing,* texte de base de cette religion. L'existence de Lao-Tseu, mal connue, est entrée depuis longtemps dans la légende.

Téocalli

Mot nahuatl : *teotl,* « Dieu » + *calli,* « maison » (1846); chez les Aztèques, désigne un lieu de culte, un temple.

> Ce terrible dieu de la guerre des Aztèques auquel, lors de la dédicace de son téocali, soixante-deux mille victimes humaines furent sacrifiées en un seul jour.
> Gustave Aimard, *Le Chercheur de pistes.*

Thora ou Tora(h)

Féminin; mot hébreu, « doctrine, enseignement » (1846);
nom que les Juifs donnent au Pentateuque, ouvrage de
base de leur religion.

Totem

De l'algonquin *ototeman,* par l'anglais (1776); animal
(parfois végétal, rarement un objet) considéré comme
l'ancêtre et le protecteur d'un individu ou, plus souvent,
d'une commnauté. Par extension, représentation sculptée
de l'animal *totémique.*

> Mais les crocodiles ne pouvaient pas faire de mal à ma
> mère, et le privilège se conçoit : il y a identité entre le
> totem et son possesseur; cette identité est absolue, est telle
> que le possesseur a le pouvoir de prendre la forme même
> de son totem; dès lors il saute aux yeux que le totem ne
> peut se dévorer lui-même.
> Camara Laye, *L'Enfant noir.*

> Avec sa carrure athlétique, ses muscles saillants et ses
> attaches fines, il ressemblait à un totem d'ébène.
> Sembène Ousmane, *O Pays, mon beau peuple.*

Troll

Mot suédois (1878); personnage masculin qui, dans le
folklore scandinave, incarne les forces maléfiques de la
Nature, et apparaît sous des types variés, du géant au
nain.

Uniate

Du russe *ounyiat,* d'après le latin *unio,* « union » (1876);
se dit des Églises (et de leurs fidèles) d'Orient qui
reconnaissent le pouvoir et la validité de l'Église catho-
lique romaine sans pour autant renoncer à leur organisation, à leur liturgie, à leurs rites.

Vaudou

Du dahoméen *vodu* (1864); ce mot africain désigna
d'abord une « danse nègre », puis un culte animiste

complexe, qui s'est développé dans la région caraïbe et regroupe des emprunts au christianisme, à la magie, à la sorcellerie « indigènes ».

> Tandis que l'étranger l'écoutait rêver à voix haute, l'hostie rosâtre se transformait en nourrisson au bout d'une dague, ruisselant de boyaux et de sang parmi les rires et les flammes, au cours d'une séance de vaudou macabre présidée par Duvalier.
> Jean Monod, *Un riche cannibale.*

Voir **macumba, zombie.**

Veda

Mot sanskrit, « savoir » (1756); nom des premiers textes de l'Inde, au caractère à la fois religieux et littéraire, rédigés en vieux sanskrit. La plus célèbre de ces collections est celle du *Rigveda,* composée entre 1800 et 1500 avant J.-C. et qui contient en germe tout le brahmanisme.

Yang

Mot chinois (1753); désigne, dans la philosophie taoïste, l'aspect positif : activité, lumière, chaleur, par opposition au *yin.*

> Dans la résidence Ghinden, c'est le côté des femmes, de la douairière, la zone privée, domestique, impure, la terre, domaine consacré à l'automne, aux récoltes, à la nourriture, à l'ombre, bref au Yin. La moitié est se trouve à gauche. C'est le domaine du prince, des hommes, des cérémonies, des réceptions, la zone publique, liée au soleil, au printemps, aux arts martiaux, bref au Yang.
> Michel Tournier, *Les Météores.*

Yin

Mot chinois (1753); désigne, dans la philosophie, l'aspect passif : terre, obscurité, absorption, principe femelle.

> Ce qu'il cherche, c'est, dans la disposition de l'Insondable, dans la chape des ténèbres illuminées de lueurs fortes, faibles, à peine discernables, violemment ou durement fixes ou à éclats scintillants, la disposition de l'accouplement, la meilleure réception du Yang par le Yin.
> Lucien Bodard, *La Vallée des roses.*

Yoga

Mot sanskrit, « jonction, union » (1842); technique d'ascèse permettant de parvenir à la connaissance salvatrice, à l'« illumination » (chez les bouddhistes) et qui a été systématisée par Patanjali, grammairien indien du 2e siècle avant J.-C. En Europe, ce que l'on connaît et pratique le plus est le **hatha-yoga**, ensemble d'exercices qui mettent plus l'accent sur les postures corporelles et la respiration, mais il existe encore d'autres sortes de yoga.

Yogi

Du sanskrit *yogin* (16ᵉ siècle); ascète pratiquant le yoga.

Yom Kippour

Ou simplement ***Kippour***. Mots hébreux (1870); grande fête juive, célébrée fin septembre début octobre et connue également sous le nom de ***Grand Pardon***.

Yoni

Féminin; mot sanskrit (20ᵉ siècle); représentation hindouiste de l'organe sexuel féminin, considéré, en liaison avec le ***linga(m)***, comme le symbole de la puissance créatrice.

Zen

Mot japonais; du chinois *chan,* issu du sanskrit *dhyâna,* « méditation » (1895); branche du bouddhisme, importée de Chine au Japon, s'attachant à l'enseignement et à la méditation dans le calme (il existe une variante, le ***zazen***, « méditer en position assise », de la secte japonaise *sôtô*). Le zen comporte aussi un aspect esthétique, qui a fortement influencé culture et traditions japonaises.

> Une jardinière "zen", octogonale, remplie de sable finement strié d'où émergent quelques rares galets.
> Georges Perec, *La Vie mode d'emploi.*

Zombi(e)

Du créole antillais *zonbi* (1846); revenant au service d'un sorcier, dans la religion vaudoue.

> Ils devinèrent près du gros pied de quénettes ce renflement grisâtre de l'ombre qu'ils crurent d'abord être un chien errant affalé là, épuisé d'avoir couru tout le jour après quelque chose à dévorer (à moins que ce ne fût un zombi sans pratique, peinant à recouvrer sa forme humaine), et qui était la petite fille.
> Édouard Glissant, *La Case du Commandeur.*

Faits de société
et de civilisation

Amok

Du malais *amuk*, « furie », par l'anglais (vers 1970); folie meurtrière qu'on observe chez les Malais. *Amok* est le titre d'un roman de Stefan Zweig. C'est aussi le titre d'un film africain réalisé par Souheil Ben Barka en 1982 (production du Maroc, de la Guinée et du Gabon).

Apache

Du nom d'une tribu amérindienne réputée féroce (19e siècle).

> Les Apaches, qui habitaient originairement la plus grande partie du Nouveau Mexique, ont peu à peu reculé devant la hache des pionniers, ces enfants perdus de la civilisation, et, retirés dans d'immenses déserts qui couvrent le triangle formé par le rio Gila, le del Norte et le Colorado, ils font presque impunément des courses sur les frontières mexicaines, pillant, brûlant et dévastant tout ce qu'il rencontrent sur leur passage.
>
> Gustave Aimard, *Le Chercheur de pistes*.

Ce mot, à la « Belle Époque », a servi en France à désigner un type de personnage rusé et dangereux, le « mauvais garçon ». Amélie Hélie, dite Casque d'Or, fut sacrée « reine des Apaches » en 1902.

> La maîtresse de Loupart dit « Le Carré », le populaire apache de la Villette, ayant vérifié l'heure à la pendule au-dessus du comptoir, se leva soudain et sortit.
>
> Marcel Allain et Pierre Souvestre,
> *Juve contre Fantômas*.

Apartheid

Mot afrikaans, « séparation » (1957); système politique raciste de ségrégation rigoureuse de deux communautés à l'intérieur d'une même nation. Il est appliqué en Afrique du Sud.

Bandeira

Mot portugais du Brésil, « drapeau » (20ᵉ siècle); nom donné à des expéditions de mercenaires brésiliens, souvent originaires de São Paulo, qui traquèrent, du 15ᵉ au 17ᵉ siècle, les Indiens de l'intérieur de l'Amérique du Sud pour les revendre sur la côte comme esclaves. On les appelait *bandeirantes* (voir aussi *cangaceiro*).
Il ne faut pas confondre ce mot avec la *bandera*, « compagnie de la Légion étrangère espagnole », qui a été rendue célèbre par un roman de Pierre Mac Orlan (1931), et par le film qu'en a tiré Julien Duvivier en 1935.

Baracon

De l'espagnol *barracon,* mot de la Haute-Volta (19ᵉ siècle); captiverie, c'est-à-dire grande case où on mettait les Noirs captifs; aujourd'hui entrepôt de marchandises, hangar.

Bêche-de-Mer ou **Bichelamar**

Du portugais *bicho do mar*, « bête de mer » voir p. 144 :
(20ᵉ siècle); pidgin anglo-malais utilisé dans le Pacifique
sud, pour les relations commerciales.

> Les pidgins mélanésiens, australiens ou néo-hébridais (bi-
> chelamar) font obligatoirement suivre tout verbe transitif
> d'une marque spéciale.
> Claude Hagège, *L'Homme de paroles.*

Bégum

De l'hindi *beg*, « seigneur », par l'anglais (1653); titre
honorifique donné en Inde aux femmes nobles, notamment aux épouses des princes. On connaît le fameux
roman de Jules Verne, *Les 500 millions de la Begum*
(1879).

> Cinq ou six mois plus tôt, au Cannet de Cannes, quatre
> malfaiteurs avaient intercepté une Cadillac ayant comme
> passagers Son Altesse l'Aga Khan, la Bégum son épouse et
> une femme de chambre. Ils les avaient délestés de plus de
> deux cents millions de francs de bijoux et d'environ deux
> cent mille francs en espèces.
> Jacques Batigne, *Un Juge passe aux aveux.*

Béké

Mot créole de la Martinique (20ᵉ siècle); propriétaire ou
planteur blanc ou descendant de blanc.

> Je vois le roi de tous les Nègres, il est assis sur quatre têtes
> coupées, il parle avec le béké qui est debout devant lui, il
> marchande avec le béké pour trois mille charrettes de
> cannes et dix mille plants de tabac.
> Édouard Glissant, *La Case du Commandeur.*

Bougnoul(e) ou **Bounioul**

Ouolof *bougnoul*, « noir » (1890); désignation raciste des
noirs autochtones par les colons blancs du Sénégal.

> Autrefois, les vieux coloniaux à la Céline disaient rude-
> ment « bouniouls », « mal blanchis » ou tout autre mot
> désagréable qui leur passait par l'esprit.
> Pierre et Renée Gosset, *L'Afrique, les Africains.*

Il semble qu'aujourd'hui ce mot soit plus employé, du
moins en France, à propos des Arabes que des Noirs.

Cairn

Mot irlandais, « tas de pierres » (1797); tumulus celte, composé de terre et de pierres. Il s'en trouve encore en Bretagne. Par extension, ce mot désigne un monticule « de fortune », élevé comme point de repère par des explorateurs, des alpinistes, etc.

> La découverte le 6 mai 1859, sur la terre du roi Guillaume, par le lieutenant Holson, second du Fox, du cairn contenant le dernier message laissé par les survivants le 25 avril 1848 avant qu'ils n'abandonnent les navires écrasés par les glaces.
>
> Georges Perec, *La Vie mode d'emploi.*

Cangaceiro

Portugais du Brésil (1953); bandit de grand chemin, au Brésil, dont le type a été popularisé par le grand succès du film de Lima Barreto *O Cangaceiro* (1953). Voir *bandeira,* p. 279.

Cangue

De l'annamite *gong,* par le portugais *canga* (1686); supplice d'origine chinoise, consistant à maintenir le cou et les bras du condamné étroitement serrés et passés à travers des trous pratiqués dans un épais plateau de bois.

> Ses adversaires répondirent que les Annamites connaissaient encore la strangulation, la décapitation avec exposition de la tête, la cangue, sans parler du rotin.
>
> Raymond Jean, *Le Village.*

Cannibale

De *caribal,* mot indigène signifiant « hardi », et désignant les Caraïbes, par l'espagnol *canibal* (1515) : homme de certaines peuplades américaines, africaines ou polynésiennes, qui mangeait, en une sorte de rite à caractère religieux, tout ou partie de son ennemi vaincu et mort, notamment le cœur.

Un jour, un missionnaire reprochait à un cannibale cette coutume horrible et contraire aux lois divines de manger de la chair humaine. « Et puis ce doit être mauvais ! » ajouta-t-il. « Ah ! mon père ! répondit le sauvage, en jetant un regard de convoitise sur le missionnaire, dites que Dieu le défend ! Mais ne dites pas que c'est mauvais ! Si seulement vous en aviez mangé !... »

Jules Verne, *Les Enfants du capitaine Grant.*

Anthropophage est un exact synonyme. Notons que le cannibalisme, de nos jours, ressurgit parfois occasionnellement dans certaines circonstances difficiles : naufrage, disparition de groupes dans des lieux désolés, etc. Ces très rares cas de « survie biologique à tout prix », dont l'exemple le plus célèbre reste celui du Radeau de la Méduse, traduisent l'extrême fragilité des frontières entre l'homme « sauvage » et l'homme « civilisé »...

Chanoyu

Se prononce « tchanoyou »; mot japonais; désigne la « cérémonie du thé », acte collectif et quasiment rituel qui a une grande importance dans la vie quotidienne du Japonais. Voir *thé.*

Chicano

Mot hispano-américain (20e siècle); aux États-Unis, désignation d'une personne d'origine mexicaine (c'est l'inverse du *gringo,* voir plus loin).

Ghetto

De *ghetto,* forme vénitienne de l'italien *getto,* « coulage de métal » (1690); quartier d'une ville dans lequel la population est exclusivement juive. A l'origine, le *Ghetto* était une petite île, en face de Venise, où se trouvait une fonderie et où les Juifs avaient été assignés à résidence. Par extension, on appelle *ghettos* les quartiers où se regroupent, dans des conditions souvent difficiles, des communautés minoritaires : on parle de *ghetto noir,* de *ghetto porto-ricain,* etc.

Goulag

Sigle russe tiré de *Go(sudarstvennoe) U(pravlenié) Lag(erei)*, « direction d'État des camps » (1974); camp de travail pour les prisonniers politiques et de droit commun, en URSS. Le mot s'est répandu en France à la suite de la publication du livre d'Alexandre Soljenitsyne, *L'Archipel du Goulag*, en 1974.

Gringo

Mot espagnol du Mexique (1952); désignation péjorative des étrangers, notamment Nord-Américains, par les Mexicains.

> « Pendant ce temps les politiciens du Nord vendent notre pays à tes amis norteamericanos! » Le docteur Montalet sourit. « Ici le créole exploite l'Indien, là-haut c'est lui qui se fait exploiter par le gringo. »
> Jean Monod, *Un riche cannibale.*

Harakiri

Mot japonais, de *hara*, « ventre » + *kiri*, « couper » (1870); mode de suicide japonais consistant à s'ouvrir l'abdomen et considéré comme étant le privilège de certaines catégories d'individus, entre autres les samouraïs. *Se faire harakiri* est devenu une locution verbale du français, qui s'emploie surtout – heureusement? – au sens figuré.

Horde

Du tartare *horda*, issu du turc *ordu*, « camp » (1559); troupe sauvage et hostile composée de nombreux individus. S'emploie aussi pour des animaux affamés ou féroces.

> La chrétienté avait été sauvée à Poitiers où les hordes arabes avaient été « martellisées ».
> Édouard Glissant, *La Case du Commandeur.*

Inca

Nom d'un empire de l'Amérique du Sud précolombienne (situé en Colombie et au Chili), très puissant jusqu'au 15e siècle, dirigé par un souverain appelé *Inca*, « fils du Soleil ».

Intelligentsia ou Intelligentzia

Mot russe, « intelligence » (1920); mot désignant autrefois, en Russie, la « classe » des intellectuels, aujourd'hui l'« élite » des intellectuels d'une nation.

> Le thomisme et sa variété le « néo-thomisme » sont l'objet, vers 1926, d'un curieux engouement dans les milieux de l'intelligentsia.
>
> Jacques Chastenet, *Quand le bœuf montait sur le toit.*

Jamboree

Se prononce « djambori »; venu de l'hindi par l'anglais (1910); d'abord « fête bruyante », puis le mot a servi à désigner une rencontre internationale de scouts.

Kamikaze

Mot japonais : *kami,* « Dieu » + *kazé,* « tempête » (vers 1945); nom donné aux « avions-suicides » japonais et à leurs pilotes. S'emploie aujourd'hui en français pour qualifier une personne ou une tentative excessivement téméraire ou condamnée à l'échec.

Kibboutz

Mot hébreu, « collectivité » (vers 1950); ferme collective qui constitue une des bases de l'économie rurale de l'État d'Israël, à partir de 1948.

Kofun

Mot japonais, « ancien tombeau » (20ᵉ siècle); tumulus funéraire des anciens Japonais, venus de Corée du 3ᵉ au 6ᵉ siècle.

Kolkhoz(e)

Russe *kolkhoz*, abréviation de *kollektivnoie khoziaïtsvo*, « économie collective » (1931); en Union soviétique, exploitation agricole à propriété collective.

> Ce kolkhoze a pu réaliser, l'an dernier, des bénéfices extraordinaires, lesquels ont permis d'importantes réserves.
>
> André Gide, *Retour de l'URSS.*

Macho

Se prononce « matcho »; mot hispano-américain, « mâle » (répandu à partir des années 70); se dit d'un homme persuadé de la supériorité de « l'espèce masculine » sur la femme, et traitant celle-ci de façon autoritaire et plus ou moins brutalement exploiteuse. On dit aussi *machiste.*

Manyatta

Féminin. Mot kényan (1958); camp retranché africain, entouré de haies et de murs peu élevés.

> Dehors, au milieu du rond-point dessiné par les murs de la manyatta, les Masaï entouraient Bullit et Ol'Kalou.
>
> Joseph Kessel, *Le Lion.*

Meiji

Mot japonais, « gouvernement éclairé » (1900); ce qu'on appelle l' « ère Meiji » commença avec l'arrivée de Mut-suhito sur le trône du Japon en 1868 et se termine en 1912 à la mort du souverain, appelé depuis *Meijitenno*. Cette période vit la fin rapide de l'ère féodale et de la modernisation fulgurante de ce pays d'Extrême-Orient.

Métis

Du bas-latin *mixticius*, de *mixtus*, « mélangé » (12ᵉ siècle); individu né de parents de deux races différentes.

> Le nom portugais du métis est *mestiço* : « On pouvait s'y [São Paulo] exercer à distinguer les *mestiços* croisés de blanc et de noir, les *caboclos*, de blanc et d'indien, et les *cafusos*, d'indien et de noir. »
> Claude Lévi-Strauss, *Tristes Tropiques.*

Mikado

Mot japonais : *mi*, préfixe honorifique + *kado*, « la porte » (1827); d'abord « porte du Palais impérial », puis « palais », enfin « empereur du Japon ». Les Japonais, dans ce dernier sens, emploient en réalité *tenno* (voir ci-dessus à *Meiji*). A partir de 1903, ce mot désigne également un jeu, sorte de variante japonaise des jonchets.

Mulâtre, fém. Mulâtresse

Altération de l'espagnol *mulato*, « mulet, bête hybride » (1604); à peu près synonyme de *métis*, mais s'emploie surtout à propos de « noir + blanc ». Comme ajdectif, *mulâtre* reste invariable au féminin.

> Des femmes étaient assises, une par case, des négresses, des mulâtresses et des blanches.
> Georges Simenon, *45° à l'ombre.*

Nomenklatura

Mot russe tiré du latin *nomenclatura,* « nomenclature »
(vers 1980); terme par lequel on désigne, depuis peu,
l'ensemble des cadres et des responsables de la société
soviétique d'URSS, de ceux que l'on considère comme
les décideurs politiques et économiques.

Pandit

Du sanskrit *pandita,* « savant » (1827); titre donné en
Inde pour honorer certains personnages érudits ou reli-
gieux. Il est connu en France surtout comme épithète de
Nehru.

> Nehru est plus vulnérable que Gandhi, parce que ce pandit
> est agnostique...
> André Malraux, *Antimémoires.*

Pogrom(e)

Mot russe : de *po,* « entièrement » + *gromit,* « détruire »
(1907); coup de main organisé jadis, par certaines auto-
rités d'Europe orientale (notamment le tsar de Russie)
contre les communautés juives.

> Des massacres, les Juifs en ont subi durant toute leur
> histoire. Affaire d'habitude. Yankel lui-même n'avait-il pas
> fui la Russie à cause des pogroms?
> Roger Ikor, *Les Eaux mêlées.*

Potlatch

Mot nootka (langue amérindienne), par l'anglais (1861);
en anthropologie, nom donné à une opération de don
ou de destruction, constituant une sorte de défi à l'adversaire.

> Le don révèle alors l'épreuve de force dont il est l'instru-
> ment : je te donnerai plus que tu ne me donnes, et ainsi je
> te dominerai; dans les grands potlatchs amérindiens, on en
> venait ainsi à brûler des villages, à égorger des esclaves.
> Roland Barthes, *Fragments d'un discours amoureux.*

Pronunciamiento

Mot espagnol, « déclaration » (1838); coup d'État militaire, notamment dans les pays d'Amérique latine.

> Dans un pays comme le Mexique, qui compte les révolu-
> tions par centaines, où les pronunciamientos se font, la
> plupart du temps, sans rime ni raison, parce qu'un colonel
> veut passer général ou un lieutenant capitaine, l'on n'y
> regarde pas d'aussi près.
> Gustave Aimard, *Le Chercheur de pistes.*

Rastaquouère et / ou Rasta

De l'hispano-américain *rastracuero,* « traîne-cuir » (vers
1880); ce terme désignait ironiquement, en Amérique du
Sud, les marchands enrichis rapidement par le commerce
du cuir; il en est venu à s'appliquer, avec un relent de
xénophobie, aux étrangers étalant, hors de leur pays, une
fortune douteuse.
Il ne faut pas confondre ce mot avec *rasta*, abréviation de
rastafarien, qui désigne les adeptes d'un mouvement
mystique des noirs anglophones de la Jamaïque et des
Antilles qui, vers 1920, considérèrent le Négus Haïlé
Sélassié (qui se nommait Ras Tafari Kekonnen, avant sa
montée sur le trône d'Éthiopie en 1930) comme leur
nouveau dieu rédempteur. Ils adoptèrent la musique dite
reggae (voir p. 242).

Safari

Mot swahili, « bon voyage » (milieu du 20ᵉ siècle); expé-
dition organisée en vue de la chasse aux bêtes sauvages.
D'abord restreint à l'Afrique noire, ce mot a été popularisé et étendu à bien d'autres régions du globe par les
agences de voyage.

> Des ours, dit-il, il y en a beaucoup à Southampton.
> L'automne, les Canadiens et les Américains organisent
> dans l'île de véritables safaris!
> Frison-Roche, *Peuples chasseurs de l'Arctique.*

Il existe aussi de plus pacifiques *safaris-photos,* où
l'« objectif » est seulement de photographier des animaux en liberté (notamment dans les parcs nationaux).

Scalp

Du scandinave *skalp*, « coquille », par l'anglais (1827);
ensemble du cuir chevelu et des cheveux, détaché du
crâne, et considéré par certains Indiens (heureusement
disparus et ne survivant que dans les westerns!) comme
un trophée de grande valeur.
Le verbe dérivé, *scalper,* désigne le fait de découper le
cuir chevelu pour prélever le scalp.

> Comme des pas se rapprochaient, Bisontin tira son couteau
> de son étui, bien décidé à faire payer son scalp à qui
> voudrait le prendre.
> Bernard Clavel, *Compagnons du Nouveau monde.*

Schibboleth

Mot hébreu, « épi » : selon la Bible, les habitants de
Galaad reconnaissaient ceux d'Ephraïm au fait que ces
derniers prononçaient ce mot avec l'initiale « s » au
milieu de « ch » (18ᵉ siècle); épreuve décisive, qui permet
de reconnaître, d'identifier à coup sûr un individu.

Shogun

Mot japonais, « général » (1872); nom donné aux dicta-
teurs militaires qui dominèrent le Japon de la fin du
12ᵉ siècle jusqu'à l'avènement de Mutsuhito (voir *Meiji*
p. 286).

> Ainsi le magnifique shogun n'habite point une maison de
> bois; mais son séjour est au centre de la forêt l'abaissement
> de la gloire vespérale.
> Paul Claudel, *Connaissance de l'Est.*

Sioux

Altération de *nadoweisiw,* « petit serpent », nom donné
aux Sioux par la tribu des Chippewas (1776).

> Il était suivi d'une femme au visage de Sioux, superbement
> brune dans ses perles claires et les franges de son pagne
> éclatant nouées devant elle.
> Jean Monod, *Un riche cannibale.*

Ce mot est devenu, pour la mythologie exotique du
Français, synonyme d'individu prudent, rusé et silen-
cieux.

Sovkhoze

Du russe *sovkhoz*, abréviation de *sovietskoié khoziaistvo* (1932); en Russie soviétique, exploitation agricole appartenant à l'État.

> L'ouvrier soviétique est attaché à son usine, comme le travailleur rural à son kolkhose ou à son sovkhose, et comme Ixion à sa roue.
>
> André Gide, *Retouches à mon Retour de l'URSS.*

Svastika ou Swastika

Masculin. Mot sanskrit, « de bon augure », de *svasti,* « salut! », désignant la **croix gammée** (1838); d'abord symbole astronomique de l'Inde représentant le Soleil, le svastika est devenu, par un choix prétendument « aryen » (du sanskrit *arya,* « nobles », nom d'une peuplade indo-iranienne du Nord de l'Inde), l'emblème du parti national-socialiste fondé par Hitler en 1920.

> Le commandant de cette nef blindée était un Levantin galonné d'or jusqu'aux coudes, mais dont les pieds nus étaient chaussés d'espadrilles et la main gauche tatouée d'un svastika bleu. Pourquoi cet orthodoxe au visage de Christ épilé portait-il la croix gammée hindoue sur son métacarpe tanné par l'embrun?
>
> Maurice Dekobra, *La Madone des sleepings.*

Tatouage et Tatouer

Du tahitien *tatou,* par l'anglais *to tattoo* (1769); opération consistant à marquer en profondeur la peau de certaines partie du corps avec des dessins ou des inscriptions faites au moyens d'une encre indélébile.

> Le tatouage, le « moko » des Néo-Zélandais, est une haute marque de distinction. Celui-là seul est digne de ces paraphes honorifiques qui a figuré vaillamment dans quelques combats. Les esclaves, les gens du bas peuple, ne peuvent y prétendre. Les chefs célèbres se reconnaissent au fini, à la précision et à la nature du dessin qui reproduit souvent sur leurs corps des images d'animaux. Quelques-uns subissent jusqu'à cinq fois l'opération fort douloureuse du moko.
>
> Jules Verne, *Les Enfants du capitaine Grant.*

Alors La Ficelle lut sur la peau de son ami, outre une demi-douzaine de tatouages représentant des ancres marines et des cœurs percés de flèches, cette phrase indélébile « A Cécily pour la vie! Chéri-Bibi! » Le malheureux avait signé!

Gaston Leroux, Chéri-Bibi et Cécily.

Tchéka

Mot russe, abréviation de *Tchrezvytchaïnaï Komissia*, « commission extraordinaire » (1925); police chargée, en Russie, à partir de 1917, de réprimer les opposants à la Révolution d'octobre. Elle succéda à l'**Okrana**, police du tsar.

Et pourtant les répressions inhumaines de l'ancien régime impérial n'ont fait que changer de nom; l'aigle bicéphale s'est mué en étoile rouge et la Tchéka a remplacé l'Okrana.

Maurice Dekobra, La Madone des sleepings.

Tsar, Tzar ou Czar

Mot slave tiré du latin *Caesar* – le *Kaiser* allemand a la même origine (1607); nom donné aux empereurs de Russie, mais aussi aux anciens souverains serbes et bulgares.

> La figure du tsar, ordinairement si calme, si douce et souriante, a l'air le plus sévère; les yeux brillent d'un méchant éclat. L'Empereur s'assoit et allume une cigarette.
> Gaston Leroux, *Rouletabille chez le tsar.*

Toubab

Du mandingue *tubabu* (milieu du 20ᵉ siècle); désigne le « blanc » et particulièrement le colon français, en Afrique noire occidentale.

> Je me dis : « S'il revenait pour te dire qu'il retourne au pays des toubabs pour toujours... » Ah! ce serait ma mort!
> Sembène Ousmane, *Ô Pays mon beau peuple.*

Ukase ou Oukase

Du russe *oukazat'*, « publier » (1775); édit promulgué par le tsar.

> Un ukase du tsar relatif à la composition de la douma, publié ici hier soir, et dont les agences vous ont télégraphié le texte, est l'objet de toutes les discussions.
> Gaston Leroux, *L'Agonie de la Russie blanche.*

Ce mot désigne aujourd'hui en français une décision prise plus ou moins arbitrairement par une autorité politique.

Yankee

Mot américain (du Sud), peut-être issu du hollandais *janke*, diminutif de Jean, surnom des Hollandais et des Anglais de la Nouvelle-Angleterre (1776); nom donné aux habitants des États-Unis par les autres Américains; pendant la guerre dite de Sécession (1861-1865), nom méprisant donné par les Sudistes aux Nordistes.

Des Yankees, maigres et tannés, crachant le jus de leur chique, manifestèrent par des blasphèmes leur mauvaise humeur d'être arrachés au travail de graissage de leurs puissantes machines à vapeur.

Maurice Constantin-Weyer,
Un homme se penche sur son passé.

Youyou

Onomatopée (20ᵉ siècle); cri poussé et « psalmodié » par les femmes d'Afrique à l'occasion de certaines cérémonies.

La joie alors soufflait sur le village, les youyous des femmes emplissaient l'air et les cœurs s'emflammaient.

Antoine Bangui, *Les Ombres de Kôh.*

Zambo

Mot espagnol (20ᵉ siècle); dans les anciennes colonies espagnoles d'Amérique du Sud, nom donné aux métis de Noirs et d'Indiens.

Les métis étaient pour la plupart des zambos, fort beaux hommes, nés du mélange de trois races blanche, rouge et noire.

Pierre Maël, *Robinson et Robinsonne.*

Conclusions

Est-il possible, au terme de ce parcours lexical, d'apporter des conclusions? Ce n'est pas sûr, d'autant que nous avons volontairement limité nos investigations, comme il a été précisé dans l'Introduction. Le lecteur qui voudrait avoir une vue complète sur ces problèmes de circulation des mots entre les langues devrait bien entendu se pencher *aussi* sur les très nombreux anglicismes et arabismes dont est riche le français, et qui n'ont pas trouvé place ici.

Outre cela, l'exotisme en matière de mots peut se manifester encore au moins de deux manières, que nous ne ferons qu'indiquer brièvement.

— Les noms propres étrangers sont susceptibles, à tout moment de l'Histoire, pour une raison précise et tout à fait « ponctuelle », de fournir à notre langue — et à d'autres — des unités nouvelles; on en rencontre déjà beaucoup dans ce livre, mais il en est bien d'autres, ainsi les villes de *Bougie* (Algérie), *Brandebourg* (Allemagne), *Charleston* (États-Unis : Caroline du Sud), *Chester* (Angleterre), *Gouda* (Hollande), *Landau* (Allemagne), *Parme* et *Pavie* (Italie) etc., sont-elles devenues aptes à désigner en français divers objets ou produits, sans aucune modification de leur nom. D'autres termes, grâce à une dérivation suffixale, ont joué un rôle analogue : *Alep,* ville de Syrie, a donné l'*alépine,* tissu mêlé de soie et de laine; le fort *Benton,* aux États-Unis, a fourni la *bentonite,* « argile au grand pouvoir dissolvant »; la *berline* vient de *Berlin,* la *faïence* de *Faenza* (Italie), la *majolique* de *Majòrque* et la *tularémie* du comté de *Tulare,* en Californie...

— Les noms de savants, de techniciens, de botanistes constituent, qu'ils soient français *(pasteuriser)* ou étrangers, un réservoir inépuisable de néologie : nous nous contenterons de rappeler le grand nombre de noms de plantes issus de noms propres individuels, généralement avec le suffixe *-ia* : les **broméliacées,** du suédois *Bromel*; le **dahlia,** du suédois *Dahl*; le **forsythia** de l'anglais *Forsyth*; le **fuchsia** du bavarois *Fuchs*; le **gardénia** de l'écossais *Garden*; le **kentia** de l'australien *Kent*; le **paulownia,** de *Pavlovna,* fille du tsar Paul Ier; le **rauwolfia** de l'allemand *Rauwolf*; le **tradescentia,** du hollandais *Tradescant,* etc. Le procédé est systématique, comme celui qui permet de forger, à coups de *-ium* et de *-ite,* des noms de produits ou de corps chimiques « inventés » par tel ou tel chercheur... Donner au lecteur la totalité de ces « emprunts » aurait été lassant et sans intérêt majeur.

Il existe, de par le monde, énormément de façons *différentes* de parler le français; qu'il s'agisse de *créoles,* dont nous avons donné nombre d'exemples, surtout à propos des Antilles et des Mascareignes, ou de transformations plus profondes de notre langue : nous songeons particulièrement au français du Québec, si intéressant et savoureux dans ses multiples déviances. Mais là encore, il eût fallu un volume entier – et de bonne taille! – pour parcourir ce champ. Nous ne pouvions tout exposer ni tout dire en quelque 300 pages...

Que l'on n'oublie pas cependant que beaucoup de mots « à l'air bien français » ou bien n'existent et ne fonctionnent que dans un contexte exotique, par exemple les noms d'arbres comme **latanier, badamier, flamboyant,** de formation classique, mais dont le référent n'est pas connu en France même; ou bien acquièrent, dans tel ou tel pays, une acception tout à fait particulière, par exemple « l'herbe **sifflette** » (Le Clézio), les « **coin-coins** de l'enfer » (Oyono), les **cabrouets, ravets, boucauts,** etc. (Glissant) ou encore des locutions imagées du type **couper le cou à quelqu'un** = « l'interrompre » (Ousmane). On conçoit aisément qu'un répertoire complet de ces emplois particuliers d'une langue incontestablement française aurait été très difficile à entreprendre, très volumineux et correspondait à d'autres normes et à une autre perspective que celles que nous avions adoptées ici.

Ce constat n'est nullement un constat de carence : il révèle seulement, si l'on peut dire, le foisonnement langagier qui est celui de toute langue vivante, et dont nous parlions déjà dans l'introduction. Il y a certes beaucoup à faire encore pour que soit recensée l'intégralité du français hors de France : cette tâche n'est nullement impossible, il y a même des équipes de chercheurs, notamment en Afrique (à Abidjan, particulièrement) et dans le Pacifique (en Nouvelle-Zélande), qui enquêtent sur ces questions et font une riche moisson lexicale. Un jour, peut-être, les extrémités se rejoindront, et nous disposerons, avec l'appui de l'*Association des Universités partiellement ou entièrement de langue française* (AU-PELF) et de l'*Agence de Coopération culturelle et technique* (ACCT), de précieux instruments de consultation et d'information lexicologique, qui malheureusement n'existent pas encore tout à fait.

Index
des mots cités

Références
des œuvres citées

AIMARD Gustave, *Le Chercheur de pistes*, 1858. *Michel Belhumeur.*
  Le Souriquet.
ALLAIN Marcel et SOUVESTRE Pierre, *Juve contre Fantômas*, 1913.
AMERO Constant, *Miliza, Histoire d'hier*, 1984.
ARSAN Emmanuelle, *Emmanuelle*, 1967.
ARTAUD Antonin, *Les Tarahumaras*, 1937.
AUROUSSEAU Nan, *Flip Story*, 1978.

BALANDIER Georges, *Afrique ambiguë*, 1957.
BANGUI Antoine, *Les Ombres de Kôh*, 1983.
BARTHES Roland, *Le plaisir du texte*, 1973.
  Fragments d'un discours amoureux, 1977.
BATIGNE Jacques, *Un Juge passe aux aveux*, 1971.
BAZIN Hervé, *Les Bienheureux de la Désolation*, 1970.
BERNANOS Georges, *Les Enfants humiliés*, 1949.
BESSON Patrick, *Dara*, 1985.
BODARD Lucien, *La Vallée des roses*, 1977.
BOILEAU-NARCEJAC, *Les Visages de l'ombre*, 1953.
BONNARD Abel, *Océan et Brésil*, 1929.
BOULLE Pierre, *La Planète des Singes*, 1963.
  Les Vertus de l'enfer, 1974.
BRETON André, *Martinique charmeuse de serpents*, 1927.

CASTILLE Jeanne, *Moi, Jeanne Castille, de Louisiane*, 1983.
CAYROL Jean, *Histoire d'un désert*, 1972.
CENDRARS Blaise, *L'Or*, 1925.
CHASTENET Jacques, *Quand le Bœuf montait sur le toit*, 1958.
CLAUDEL Paul, *Connaissance de l'Est*, 1895-1905.
CLAVEL Bernard, *Compagnons du Nouveau-Monde*, 1981.
  Harricana, 1983.
CONSTANTIN-WEYER Maurice, *Un Homme se penche sur son passé*,
  1928.
CROISSET (de) Francis, *La féerie cinghalaise*, 1926.

DEKOBRA Maurice, *La Madone des sleepings*, 1925.
DESNOS Robert, *Chantefables et chantefleurs*, 1952.
DESPROGES Pierre, *Dictionnaire superflu à l'usage de l'élite et des bien
  nantis*, 1985.
DIOP Birago, *Les Contes d'Amadou Koumba*, 1961.
DORGELÈS Roland, *Partir*, 1926.
DURAS Marguerite, *Un Barrage contre le Pacifique*, 1958.
  L'Amant, 1984.
DUVIGNAUD Jean, *Sociologie de l'art*, 1967.

ESTIENNE Claude, *Gauguin*, 1953.

FRISON-ROCHE, *Peuples chasseurs de l'Arctique*, 1966.

GAUTIER Théophile, *Le Roman de la momie*, 1958.
GIDE André, *Retour de l'URSS*, 1936.
  Retouches à mon Retour de l'URSS, 1937.
GIONO Jean, *Le Hussard sur le toit*, 1951.
GLISSANT Édouard, *La Case du commandeur*, 1981.
GOBINEAU (de) Arthur, *Nouvelles asiatiques*, 1876.
GOSSET Pierre et Renée, *L'Afrique, les Africains*, 1956.
GUIMARD Paul, *Le Mauvais temps*, 1976.

HÉBERT Anne, *Les Fous de Bassan*, 1982.
HOUGRON Jean, *Soleil au ventre*, 1957.
HUC Régis-Évariste, *Souvenirs d'un voyage dans la Tartarie et le Tibet*, 1851.

IKOR Roger, *Les Eaux mêlées*, 1955.

JEAN Raymond, *Le Village*, 1966.

KESSEL Joseph, *Le Lion*, 1958.

LA FONTAINE (de) Jean, *Fables*, 1668-1679.
LANZA DEL VASTO, *Vinôbâ ou le nouveau pèlerinage*, 1954.
LA VARENDE (de), *Le Cavalier seul*, 1956.
LAYE Camara, *L'Enfant noir*, 1953. *Le Regard du Roi*, 1954.
LEBLANC Maurice, *Arsène Lupin, gentleman-cambrioleur*, 1906.
LE CLÉZIO J.M.G., *Le Chercheur d'or*, 1985.
LE ROUGE Gustave, *La Conspiration des milliardaires*.
LEROUX Gaston, *Rouletabille chez le tsar*, 1913. *Chéri-Bibi et Cécily*, 1913. *L'Agonie de la Russie blanche*, 1905-1906.
LÉVI-STRAUSS Claude, *Tristes Tropiques*, 1955.
LOTI Pierre, *Le Mariage de Loti*, 1880.
LOUŸS Pierre, *La Femme et le pantin*, 1898.

MAC ORLAN Pierre, *Le Chant de l'Équipage*, 1918.
  L'Ancre de miséricorde, 1941.
MAEL Pierre, *Robinson et Robinsonne*.
MAILLET Antonine, *Pélagie-la-Charrette*, 1979.
MALAURIE Jean, *Les Derniers Rois de Thulé*, 1954.
MALRAUX André, *Antimémoires*, 1967.
MARCEAU Félicien, *En de secrètes noces*, 1953.
MARGUERITTE Victor, *La Garçonne*, 1922.
MERLE Robert, *Derrière la vitre*, 1970.
MICHAUX Henri, *L'Infini turbulent*, 1957.
MODIANO Patrick, *Quartier perdu*, 1984.
MONFREID (de) Henri, *Les Secrets de la Mer Rouge*, 1932.
MONOD Jean, *Un Riche cannibale*, 1972.

OBALK Hector, *Les Mouvements de mode expliqués aux parents*, 1984.
ORMESSON (d') Jean, *La Gloire de l'Empire*, 1971.
OUSMANE Sembène, *O Pays mon beau peuple*, 1957.
OYONO Ferdinand, *Chemin d'Europe*, 1960.

PEISSON Édouard, *Les Écumeurs*, 1946.
PEREC Georges, *La Vie mode d'emploi*, 1978.
PERRET Jacques, *Histoires sous le vent*, 1953.

PÉROL Jean, *D'un pays lointain,* 1965.
PILHES René-Victor, *La Pompéï,* 1985.

RAYNAL Guillaume, *Histoire philosophique et politique des deux Indes,* 1772.

SCHWARZ-BART André, *Le Dernier des Justes,* 1959.
SCHWARZ-BART Simone, *Pluie et vent sur Télumée Miracle,* 1972.
SEGALEN Victor, *Les Immémoriaux,* 1907.
SIMENON Georges, *Un Crime en Hollande,* 1931. *Quartier nègre,* 1936. *45° à l'ombre,* 1936. *Le Coup de lune,* 1960. *Mémoires intimes,* 1981.

TOURNIER Michel, *Vendredi ou les limbes du Pacifique,* 1972. *Les Météores,* 1975.
T'SERSTEVENS Albert, *L'Or du Cristobal,* 1936.

VERCEL Roger, *Au large de l'Eden,* 1932.
VERNE Jules, *Voyage au centre de la terre,* 1864. *Les Aventures du capitaine Hatteras. Les Enfants du capitaine Grant,* 1869.
VÉRY Pierre, *Les Disparus de Saint-Agil,* 1935.

Table des matières